推薦序

前立法委員
前中國國民黨政策會執行長　蔡正元
前國會政黨聯盟總顧問

台海是國際公認為容易發生戰爭的地區，主要是中國大陸強盛之後，與美國之間的角力，台灣位在第一島鏈的重要位置，成為中國大陸與美國兩者之間的衝突點。就台灣主權歸屬問題，除了《開羅宣言》，《波茲坦公告》外，美國第一次自行發表意見，是一九五〇年一月五日杜魯門發表的《福爾摩沙聲明》，以上不外乎都是尊重中國領土完整的立場。因此美國對台灣主權不是沒有立場，現在只想裝糊塗。

台灣要怎麼避免戰爭，一直都是蔡英文政府迴避的問題，這本阿寶的《您可不曾認識的和平》直接點出這個政府的問題，並探討可行的答案，文中提到的「一中兩席」，就是我在擔任國會政黨聯盟總顧問時倡議的方案。

國會政黨聯盟的悟覺妙天主席慈悲為懷，當時擔心台灣會發生戰爭，因此找我商討在國際法上，可以用甚麼方式來為兩岸可能發生戰爭來解套，後來妙天主席遠大的智慧，認為「一中兩席」是最可行的方案，我也敬佩一位宗教大師有這樣關心台灣人民的態度與遠見。

中國歷史分分合合，兩岸分治七十年來，被美國等列強分化，兩岸的年輕人都想用戰爭解決衝突。台灣其實沒本事台獨，百姓被早就清楚現實的美國官員與台獨分子當傻子騙。台灣人不了解，北京只在意名字，傻子才會想跟這個世界第二大經濟體硬碰硬。「和平」正是這個時間最需要年輕人認識的觀念，這本書正是現代年輕人最該認識的觀念著作。

台灣人主要的問題就是不閱讀，歷史也是道聽塗說，連政府官員對歷史也是拼湊的認知，我在《台灣島史記》導論，以「歷史真相是唯一的立場」為訴求，就是要拆穿不愛念書說著台灣假歷史的謊言。阿寶的書在西藏簽和平協議、加入WHO等文章中，嘗試導正台灣人被扭曲的歷史觀，正是台灣人最需要吸收的知識。

台灣的民主是個世界奇蹟，謊言、裝死都可以讓選民服服貼貼，這個也是如阿寶文中說的和平被當祭品、戰爭當遊戲，執政的民進黨不把戰爭當一回事，並推責給北京。美國這次總統大選，也讓全世界見識到跟台灣一樣的笑話，一個選舉失敗的國務卿蓬佩奧在台灣問題的發言，國際法水平太離譜，是想用台海安全在下台前刷存在感。因此，像阿寶此書這樣的讀本雖然不是主流，卻更應該列為優選，值得台灣人或想認識台灣的朋友來閱讀。

阿寶在封底用世界各國的國旗構成一隻「世界和平鴿」，用心地把中華民國等非會員的國旗圖案放在心的位置，並表示全球本是一家人，這是令人感到驚喜的設計。書的封面表達理想，內文卻很實際地探討和平問題，很值得讀者玩味。

我跟阿寶在國會政黨聯盟有緣幾次互動，他很積極攝取更多淵博知識，我也鼓勵他只要開始永遠不遲，今天很高興看到阿寶把這幾年的文章集結出書，成果豐碩，裡面的內容深入淺出談論目前台灣的問題，很榮幸為他推薦這本書。

推薦序

交通大學退休教授
前世界領袖和平基金會祕書長 余艇

阿寶長年來對於台灣的政治和社會的重要議題，持續地發表言論，散見於影響很大的網路媒體，於三年前集合了一百篇文章，出版《阿寶愛心獨賣》一書。依我的瞭解他的言論已經累積了十二萬多字，對於一位年僅四十歲的青年來說，相當不容易！我對他十分佩服，不只在於十年如一日地堅強毅力，尤其他能實事求是、切重時弊，筆鋒卻又十分平和，不嘩眾取寵。

近幾年來，他論述的重心放在兩岸關係，累積了大量的文字，再次以專書出版。我很高興能在此對他的新書做推薦！

兩岸從戰爭、對抗、到交往，歷經千辛萬苦，得來不易，應該要好好珍惜，台灣過去四十年來對大陸經濟的發展，有相當大的貢獻，而台灣的經濟也得利於大陸廣大的市場而持續繁榮，造就了雙贏的局面，難能可貴。中國在改革開放四十年的歷程中，其實不止是經濟迅猛發展，文化、教育、扶貧、反貪各方面也都在積極精進中，這個過程中有缺失嗎？當然有！但是瑕不掩瑜，整個國家社會是在往上提升中，除了經濟之外，台灣在這個過程中，曾經在各方面扮演了積極正面的角色。

分享一個我的兩岸經驗，二〇〇一年時，我曾經赴北京清華大學交流，做了一場自己專業領域的演講，面對那麼多認真聽講的研究生，我說大家若是有非學術的問題也可以提出，當場有一位研究生問：「您對金美齡女士最近的言論有何看法？」（註：當年金美齡在台灣發表媚日言論，在大陸引發怒火），我回答：「我不同意她所說的，但是我保障她說話的權力。」當時全場一片靜默，包括那位提問的研究生在內的好幾個學生都在輕輕地點頭，我很坦誠地和他們分享民主的普世價值。

然而，曾幾何時，兩岸善意大過惡意的交往過程突然變質，現在台灣整體氛圍已經將大陸妖魔化，網路聲量將抵抗中國入侵幾乎已經化為「全民共識」，拿著掃把在灘頭跟解放軍戰鬥也都說出口。政客都非常清楚，要動員人民的選票，搧動仇恨永遠比散播愛心更有效果，早在九十年前希特勒就已經使用過，猶太人成為德國衰敗的藉口而遭到大屠殺，大家別忘了當時的德國也是實行民主制度，但是一樣擋不住政客民粹的動員。

另外一個不幸，是台灣處於中美兩大國之間長期鬥爭的夾縫中，對中國而言，台灣是中華民族復興完成拼圖的最後一塊，是中國的核心利益所在；另一方面又是美國打壓中國崛起最便宜、最容易運作的一個棋子，隨時可以拿來當國際政治提款機，對美國而言，挑起兩岸發生衝突甚至是戰爭，一舉讓中國倒退數十年，絕對是可用的手段之一，也是維持美國全球霸權最棒的戰略。

然而，在此時此刻，我們還是可以看到新聞媒體出現一些論述，提出在兩岸對抗之外，還是有和平的道路可走。阿寶這本新書所收錄的文章，其內容可以說很多都是現今社會「政治不正確」的主張，是目前很容易被網路霸凌的最佳對象之一。但是拜讀他的文章，卻能感受到他悲天憫人的胸懷，對於兩岸的關係，總是站在理解、寬容、善意、關懷的態度來面對和演繹，尤其時時刻刻將和平的價值突顯出來，並提出一些可能的方向以啟發大家的想像力。若是用心來讀他的文章，其實不難發現其中一個大智慧：「轉個念，海闊天空」。當我們心中充滿嗔念之時，凡事都往壞處想，總覺得別人要陷害我們或是占我們便宜，若是心中充滿愛心，就會以更寬廣的角度來看事情，以致於更有機會將雙輸的局面扭轉為雙贏。

阿寶和我一起修行「印心禪法」超過二十年。他在禪修這一條路上，用心地實踐了我們師父悟覺妙天禪師經常的開示，也就是修禪的人不僅是求個人身心靈的成長和解脫，更要關心所有的眾生，讓全世界的人類和所有動植物都能生活在美好的環境中；每一個人與其憧憬死後去天堂或是極樂世界，不如把地球轉化成天堂和佛國。當然，我們都知道談何容易，但若是每一個人都能發揮利他的精神，貢獻自己一點力量，何愁地球不會成為佛國，人間不會成為淨土！阿寶這種菩薩精神讓我十分欽佩，很榮幸能為他的大作寫序。

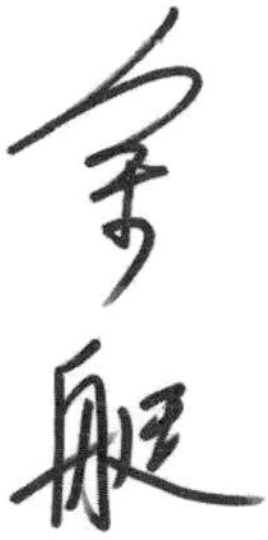

為阿寶寫篇推薦序[i]

○○○讀者您好：

我是網路作家**阿寶** JH Wei，很感謝您願意撥空閱讀，這個訊息主要是希望找您為我的新書《您可不曾認識的和平》寫推薦序，還懇請您加以抬愛。

這本書的特色之一，就是內容都是過去我投稿於電子媒體的文章。阿寶收集相關主題並分為五章，架構讓讀者認識兩岸、世界可以怎麼和平。

---

[i] 這段時間**阿寶** JH Wei 為了籌畫出書，寫信給幾位自己在和平議題上十分尊敬的老師，請他們為阿寶寫推薦序，很感激蔡正元委員、余艇教授的支持與鼓勵。因為出版的時間壓力，所以暫以目前的兩篇推薦序出版，靈光乍現，邀請讀者們也為阿寶寫篇推薦序。

另外特別補充，本書的封底「世界和平鴿」含有「世界各國的國旗」，讓阿寶花了不少時間，結果卻是令人驚艷。為了配合本書的主軸，我以聯合國二〇二〇年的一九三個正式會員圍出鴿子輪廓。但，關鍵並不是正式會員，而是觀察員與非正式會員。

除了兩岸的特殊關係，撒拉威阿拉伯民主共和國與摩洛哥、索馬利蘭與索馬利亞，還有庫克群島和紐埃是紐西蘭的聯繫邦國；我們都不在聯合國的正式會員裡，使得中華民國不是個案。另外還有梵蒂岡與巴勒斯坦屬於觀察員國，國家外，當然還有像紅十字會這樣的觀察員組織因空間考量沒有放。

期許聯合國的未來單純是為了和平推動而存在的組織，阿寶將這些非正式會員的國家放在鴿子的心裡，並把相關的正式會員放在附近，意在這些國家／區域都是聯合國心裡的重要成員。

會想分享給您的原因，是因為這本書的主要目的在於推動兩岸和平、世界和平。

阿寶雖然無淵博的學識涵養，但立定志業並期許自己言之有物，故投入業餘的時間與精神每週撰文至今已經有十三年。

如果您不嫌棄願意幫阿寶寫推薦序（約一〇〇〇至一五〇〇字），經錄取的推薦序，將刊登在阿寶愛心部落格 blog，並贈送一本《您可不曾認識的和平》，將精選附上新書再版。由於這本書以宣傳理念而非營利為目的，您的推薦將匯集更多和平的力量。

祝事事順心，也期盼您的回音。

阿寶 JH Wei 2020. 12. 24 於台北

自序

在二〇二〇年的今天，講「和平」這個主題一向不是主流，甚至會被不同主張的人酸言酸語、言語攻擊，因這是一個價值觀矛盾的時代。雖然如此，仍希望這本書《您可不曾認識的和平》（以下簡稱《和平》）可以提供願意相信世界和平的朋友，一個值得參考的論點。

二〇〇七年還是學生的筆者因受到感召，立下網路撰文的習慣，堅信一貼在網路上的文章，會不分晝夜地影響著人群。因為網路生態變化，從個人部落格搭配噗浪，到臉書、LINE還有Telegram推播，二〇一六年開始在電子媒體上投書。這十三年來不曾改變開始撰文的初衷：推動世界和平的理念。

除了網路上的電子媒體，三年前筆者以「愛心」為主題，精選十年來一佰篇文章，出版第一本書《阿寶愛心獨賣——拾年佰篇仟字精選輯》（以下簡稱《拾年》），走上有自己著作的作家之列。有幸在二〇一九年上了幾次政論節目，暢談自己對當時政治與和平的想法。

由於接受禪的訓練，筆者深信真正的和平應該超越時空、超越國家與政體的本位主義；因為人類應隨時代的演化，運用靈性平等的智慧，找出更符合世代的方式，緩解因為生存需求、意識形態差異帶來的矛盾，這也是自許為地球公民應有的態度。

本書的文章，主要是這三年針對國際局勢的觀察所撰，裡面不乏談到兩岸三地、還有台灣內部的事件。為了讓自己的文章言之有物，筆者從每天看 Google 國際新聞，擴及各國的新聞來源，包含我們台灣所陌生的大陸新聞，加上筆者推動和平的理念，每篇一樣仟字，適合零碎時間閱讀。

這次的主題分成五個大章，「種和平才能得和平」是倡議和平的重要基礎，「選票或和平？」提及台灣選舉體制上造成和平的困境，「對中國大陸的誤解」點出台灣對大陸敵視的問題來源，「強權、勢力與和平」則指出現今美國與中國大陸角力下，世界和平的矛盾與衝突，最後「兩岸和平有解方」寫到幾個兩岸和平的務實方案。

這本書《和平》保留上一本《拾年》的特色，就是在目錄上標註該編文章原稿的刊登媒體與日期，您可以在阿寶 JH Wei 的成長軌跡中，看到本著不變的初衷撰文，這個過程不算輕鬆，卻也帶給自己莫大的收穫。您可以在阿寶的部落格與相關投稿網站上，「搭配文章的日期，找到未整理的網誌或投稿的原文。

《拾年》與《和平》兩本書皆為自費出版，在手頭並不是很寬裕的情形下堅持推出，如果您因阿寶對世界和平的理想執著而有所感動，請務必幫忙推薦這兩本書，各大網路書局皆可購得，甚至計畫出電子書，讓阿寶愛心獨賣隨時隨地都可以閱讀。

最後，感謝您對**阿寶** JH Wei 的支持，敬祝閱讀愉快。

阿寶 JH Wei 2020. 9. 7 於台北

「投稿文的原文可以在這個網址得到連結：*https://goo.gl/16fypc*

再序

推及愛心的循環至世界，生生不息！

在新書出版的過程當中，有機會與新竹成人學習首選品牌「潛能聚」合作，到新竹分享自己第一本書《阿寶愛心獨賣——拾年百篇仟字精選輯》，順便整理一下怎麼介紹自己的上本書。我發現雖然當時是為了分類自己的文章，但分類之間有其關連性，愛心的本質、雙翼、務實、泉源形成一個愛心的循環。加上推及至全世界，互相加分力量更豐厚。

在愛心的循環，第一就是愛心的本質。愛心的本質首要是對於愛的「覺察」，如在家庭中、生活中、藝術中，還有朋友裡，因為處處都有愛心，處處都可以有新的體悟。

在人生的旅程，無論是家人或是朋友，都可能是我們愛心訊息的來源，但卻也容易因為習以為常而被忽略，用心體會與覺察，更容易讓愛心的本質顯露出來。

第二就是愛心的雙翼。愛心的雙翼中，首要的是對於愛的「目標」。因為媒體與團隊都是「水可載舟亦可覆舟」的工具，媒體可以散播善也可以宣揚惡，製造假消息、恐懼、仇恨，團隊可以推動世界和平也可造成鬥爭與對立。若以愛心的本質為基礎，加上愛心的雙翼，就不會有目標偏差的問題，這也是愛心的循環。

有了愛心基礎與目標，接下來第三就是愛心的務實，在愛心的務實中，首要的是「行動」。因為有了具體目標沒有行動，久了之後目標變成空洞的想像。阿寶在這幾年的文章中，有許多在政治、兩岸、國際方面的論述，就是因為愛心需要回到務實面，著手面對這個世界現實的一面。

阿寶愛心獨賣的第二本著作《您可不曾認識的和平》，就是深入「愛心的務實」所追求的百億郵輪、世界和平願景。

第四則為愛心的泉源。在愛心的泉源裡，首要的是「純淨」。尤其是歷經愛心的務實後，更要回到最純淨的狀態，不然可能因為現實面而讓自己陷入仇恨或對立的極端中。

愛心的泉源，亦是愛心本質的根源。勵志是讓人面對困境、激發人動力的方式，若願意認識肉眼無法洞見的心靈，將更容易讓愛心的本質發揮。

由上述得知，愛心的循環都是連續而互相關連的。在人越是體驗愛心的道路上，唯有循環愛心的本質、愛心的雙翼、愛心的務實、愛心的泉源，才能生生不息。

愛心的循環應該還要推及全世界，因為所有的愛心在不同的人身上都會有不同的發揮，但眾人的愛心得以互相照應，互相加分力量更厚。

也因如此，古聖先賢提倡的人間淨土、世界和平，可以人類退去自私的惡習，轉變為光明，這樣的理想也值得人人追循。阿寶的這本著作《您可不曾認識的和平》，便是以世界和平為訴求來出版，希望可以為充滿喧囂的世界提供一個不一樣的思考方向。

目錄

種和平才能得和平

選票或和平？

【阿寶說愛心：和平與禪】

對中國大陸的誤解

強權、勢力與和平

兩岸和平有解方

【設計巧思：封面與封底】

竹子，封面圖樣是別有用心於本書的主軸「和平」：四季常青象徵著和平的頑強生命，空心代表和平主張者虛懷若谷的品格，其枝彎而不折是推動和平者柔中有剛的原則，生而有節、竹節必露則是倡議和平者的高風亮節。

而封底上，Dory 一個點子「放世界各國的國旗」讓阿寶花了不少時間，但結果卻是令人驚艷。

爲了配合本書的主軸，聯合國 2020 年的 193 個正式會員圍出鴿子輪廓。但，關鍵並不是正式會員，而是觀察員與非正式會員。

除了兩岸的特殊關係，撒拉威阿拉伯民主共和國與摩洛哥、索馬利蘭與索馬利亞，還有庫克群島和紐埃是紐西蘭的聯繫邦國；我們都不在聯合國的正式會員裡，使得中華民國不是個案。另外還有梵蒂岡與巴勒斯坦屬於觀察員國，國家外，當然還有像紅十字會這樣的觀察員組織因空間考量沒有放。

期許聯合國的未來是爲了和平推動存在的組織，阿寶將這些非正式會員放在鴿子的心裡面，並把相關的正式會員放在附近，意在這些國家／區域都是聯合國心裡的重要成員。

【設計巧思：藏字繪圖】

甚麼是「藏字繪圖」？就是用不同深淺黑色的字，像素描一樣，構成一張圖。本書中的每一章名頁，都有一幅電子素描，近看都是以書名構成，遠看便是與這章主題相關的人物。

1. 種和平才能得和平：金恩博士，在種族歧視的國度，主張以非暴力爭取權利，以演講「我有一個夢」撼動人心。
2. 選票或和平？：蔡英文女士，中華民國總統，以對中共強硬的態度，贏得台灣選民支持，兩岸卻更加緊張。
3. 對中國大陸的誤解：習近平先生，中華人民共和國主席，領導大陸崛起，但外界卻層層誤解，從未了解大陸。
4. 強權、勢力與和平：川普先生，美國總統，以商人手腕處理國際衝突，不按牌理出牌，非典型的政治人物。
5. 兩岸和平有解方：孫逸仙博士，中華民國國父，三民主義的提出者和倡導者，兩岸同時尊敬的政治家。

【阿寶說愛心：共振原理與世界和平】

談到共振，最早屬 1665 年擺鐘的發明者惠更斯（Christiaan Huygens）把兩個時鐘掛在牆上，如今有人用數個同樣的節拍器固定在某一個平台上，只要擺動物藉由平台傳遞搖擺的能量，這些擺動物彼此「溝通」的共振現象，就會自然發生。

人與人之間存在著很多的互動，雖然越是往都市人與人之間的互動越少，但愈來愈多的研究與實驗顯示，人的念頭也會互相影響，甚至造成上述鐘擺、節拍器間所謂的共振，人群的集體善念也造成社會安詳的頻率磁場，集體惡念則造成天災人禍。

也就是因爲人類脫離不了社會與世界生活，自古至今有許多的宗教與聖者呼籲人們應該要崇尚自然，並追求世界和平、人間天堂。

您會發現，人類雖然主宰著所有生物的生存，但破壞環境卻無法抵擋大自然反撲。人若存著仇恨、貪念、慾望，大自然便會有一個集體力量導正，天災人禍不斷，直到所有人類找回這個自然頻率，一起共振。

當您覺得世界尚有許多不公也不要急，只需要找到自己的自然頻率，從「心」定位，自然就會找到世界共通的道路。

前言

蔡英文批馬英九：「抱持不切實際幻想，以為卑躬屈膝能換和平。」這是很可惜的態度。您可以不曾認同過兩岸和平，也可能不曾思考過體制的共存；然如今中國大陸崛起，台灣無法迴避也無法否認這個必須面對的課題。任何事情都會有因果，唯有種和平的因才能得和平的果；一位有智慧的領袖會知道致力於推動和平，乃是百姓之福。

您可以不曾認同過兩岸和平

兩岸可能和平嗎？或許，您只要看到有人提出兩岸和平，便不自覺地嗤之以鼻，認為癡人說夢、不切實際。套一句英國二十世紀的名言：「我不贊同你的觀點，但我會誓死捍衛你發言的權利。」和平與不和平，不妨保有彼此一點空間，互相認識對方的觀點。

當第一次聽到有人提出以「聯合國憲章明訂兩岸同屬中國」時，筆者一開始也是困惑。追根究柢下才發現，聯合國憲章鼓勵區域對話，因和平是最好的解決方式。這些鼓吹台獨的國家，我們應該充分認識，他們背後的目的真是為了台灣好嗎？

您可以不認同兩岸能和平，但是您必須知道主張和平的人不是您的敵人，主張對立的人反而可能是讓國家陷入經濟困境、戰爭痛苦的人。因為，主張讓對方付出代價的人不明白，甚麼是和平帶來的雙贏；他們也未曾想清楚，和平為何可能。

您可能不曾思考過的體制共存

對於生在西方民主體制的台灣人來說，中國大陸的崛起一向是無法迴避的課題。在中華民國成立後美蘇便積極影響；先總統蔣中正時期國民黨被美國拉攏，共產黨毛澤東則繼續被蘇聯扶植。國共內戰國民黨撤退來台之前，日本殖民著台灣。

因為美國、日本極力影響中華民國所處的台灣，加上前總統李登輝主導的歷史課本去中化，台灣人也是中國人的觀念不復存在。台灣人無法諒解中共在國際上的打壓，更別說認識體制相異的中國大陸，儘管媒體經常談論對岸，實際卻非常陌生。

也是因為兩岸陌生、誤解愈來愈大轉為仇恨，放下彼此體制的成見交流更是當務之急。除了美、日外力影響，兩岸矛盾最大的癥結點，在於對體制認知的差異；因此筆者主張應放下「政體歧視」，以避免走上戰爭末途，讓無辜的百姓受苦。

種和平的因才能得和平的果

筆者長期看世界各國的國際新聞，發現台灣新聞的來源都是美國觀點，容易讓視野走入集體盲思。美國長年用軍力征服政體相異的國度，讓各地無辜百姓受到戰爭之苦；如今中國大陸崛起成為美國威脅，美國用盡各方阻止。

大陸已經在某些方面超越美國，引起許多開發中國家想學習其治理方式；歐美專家開始議論，是否中國大陸有意輸出治理模式。由於儒家教育，大陸內部有明智的主張：「大陸只要做出模範不需主動輸出，各國只要按其國情擷取需求即可。」這被動的態度就是世界和平的基石。

俗語稱「種瓜得瓜，種豆得豆」，任何國家都會有主張和平的鴿派，也會有主張對立的鷹派；一位有智慧的領袖，會知道致力於和平的推動，乃是百姓之福。世界和平的到來，世界各國領袖都有能力貢獻一處。

種和平
才能得和平

"If they can learn to hate, they can be taught to love, for love comes more naturally to the human heart than its opposite."   by Nelson Mandela

「如果人們學會恨，那他肯定也能學會愛，愛對人心來說比恨更自然。」——南非前總統曼德拉

得

1. 和平是卑躬屈膝、癡人說夢？
2. 和平主張者總是被欺負的弱者？
3. 和平主張者是國家的敵人？
4. 對方想戰爭非我不想和平？
5. 戰爭可以得到和平嗎？

您可不曾認識的和平

和平最大的阻礙，就是人們往往不願意相信和平的可能。所以，主張和平的人，也是所謂的鴿派，常常變成鷹派所攻擊的對象；「癡人說夢」、「卑躬屈膝」，甚至更難聽的諷刺言語，把主張和平的人當作敵人來對待。

儘管世局再怎麼的矛盾，我們無法否認不變的因果真理：「種瓜得瓜，種豆得豆」；如果我們在國際、兩岸關係上總是用敵對的角度來看，那勢必走上戰爭一途。和平絕對是值得努力的，也只有和平才能真正帶來和解、安定與繁榮。

兩岸優先選擇題：戰爭與和平

台灣是個資訊開放與自由的國度，但也因為資訊自由豐富，加上選票政治造成的輿論操作泛濫，兩岸關係雖是錯綜複雜，但我們選民一定要學會簡化複雜的兩岸問題，且不能太情緒導致陷在政客的操弄裡。簡單地把兩岸關係化為三個選擇題：統一與台獨、台灣民主自由與專制、戰爭與和平，今天筆者想要跟大家分析這幾個選擇題關係，並提出優先選擇的考慮點應是：戰爭與和平。

首先，台灣對於兩岸關係的選擇，常常「限」於統獨之爭，也「陷」於統獨之爭，可是忘了其背後的其他可能性與選擇性。台灣在長期選舉操作統獨與民族意識形態洗禮後，部分選民完全排斥統一，但卻忘了一件重要的事：對大陸來說，「台灣的體制」還有空間可以談，但「台獨」就沒有和平的可能，因統獨兩者間對大陸來說有絕對的立基點衝突。

有人會好奇台灣怎麼會有人支持統一？先不論支持與否，若談接受統一的話大略可分兩種人，一種就是認同中國民族主義，另一種就是希望和平解決兩岸問題。而希望和平解決兩岸問題的人，大多數也會希望台灣能在其中找到延續民主自由的發展之道。

至於台灣的體制在保留民主自由與受大陸專制之間，您說大陸不可靠，但盟友美日就可靠嗎？台灣只要聯合了美日等盟友就可以令大陸放棄統一嗎？不可能，因為就長期觀察美國與日本的行為，如川普拒絕接蔡電話、日本為核食排斥台灣參加組織等，他們不意外地會在自身的利益考量下，接受兩岸統一；至於反對武統，他們絕對會有自己的底線，當然也不會願意多花任何錢來協助台灣，美國智庫更直言：短視近利的川普難保證為台抗陸。

誠然，這裡必須強調時間越拖對台灣來說越不利，選舉令政客只看選票不看結果，選民應學習去認識務實的選項（保留台灣民主自由的可能），才不會陷自己於不義。

若情緒用事，自然看不到可行的選項，很多選項連深入了解的心思都沒有，造成了正反立場的膠著。像社群《中華 3.1》提到張亞中的一中三憲，雖有別於香港版的一國兩制，更受到大陸學者出書肯定，但卻歸類為統一而被妖魔化。

兩岸之間最該優先考慮的選擇題，應該是「戰爭與和平」，柯文哲說的很好，「大陸可以不仁，但台灣不能不智」，雖然有些人不喜歡柯的話，但我必須要說「他的話很務實」，因為老實的話總被逃避現實問題的人討厭。

致力推動兩岸和平的國會政黨聯盟近日也提問，要讓台灣是戰場還是和平的國際交通樞紐？如果您認真地體會過敘利亞在戰爭前後的照片，就可以發現戰爭會讓一個國度陷入如地獄般的環境，兩岸關係是很實際也不能任性的問題，我們選民應避免任由政客們當選舉遊戲操弄。

兩岸和平主張者不是您的敵人

兩岸的議題上，無論是台灣人還是大陸人，有些人是主張和平的鴿派，有些人則是主張敵對的鷹派。誠然，是敵是友不應該看鴿或鷹的立場，而是看對方是否為共同目標努力。兩岸關係的最終目的，不就是希望兩岸結束敵對的戰爭狀態，且台灣保有習慣的民主與自由？本文將提到跟中共簽協議怎麼簽才會有效；不要認為相信和平的人不懂思考，反而相信仇恨的人易受制盲目情緒而沒有想清楚。總之，兩岸和平主張者並不是您的敵人。

是敵是友？不該看立場應看目標

許多仇視中共的朋友，把對中共不信任的仇視與不滿，轉移到主張兩岸和平的人身上。誠然，是敵是友不該是選邊站，如主張跟自己仇視的中共友好（所謂鴿派）就是自己的敵人，這種態度絕對有盲思；敵友應該看是否同為最後共同的目標努力。台灣人對於兩岸的問題，最終的目的不就是希望結束戰爭的敵對狀態下，亦不讓台灣港澳化，而保有原來的民主自由國度？

筆者認為仇恨與和平是一種態度的選擇。仇恨者可能認為敵對與抵抗比較好，可以令台灣保留民主自由，但我們都清楚台獨行不通，以目前大陸強勢崛起與美國衰弱下，敵對反而讓台灣逐漸失去和平談判的機會。如果台海因為對立發生戰爭，簽的「投降協議」才會使得台灣成為下一個西藏。

和平主張者也認為和平談判更能找到雙方期待的共識，才可以真正保留台灣的民主自由。因此，還未清楚誰的方法可以達成目標前，您說和平主張者就一定是敵人嗎？

和平並非逃避、仇恨反易令人盲目

筆者希望跟讀者釐清一個重點：主張和平的人不會是你的敵人，你的敵人反而可能是你身邊主張仇恨的人。因為主張和平的人不見得怕死，他們的眼光放在解決問題；怕死的可能是主張仇恨的人，情緒令人盲目，他們有天可能因為自己的困惑而成為你的敵人。

因為選舉操弄，台灣成為選邊站國度，資訊自由但我們的心卻不自由，這是很可惜的。國際情勢專家賴岳謙教授客觀分析，世界上並沒有一個完美的政治制度，法國的格言自由、平等、博愛中，經濟的自由發展出資本主義，經濟的平等發展出共產主義。因此筆者認為，我們應該平常心看待大陸崛起。

如今西方民主制度出現疲態，所以產生大陸崛起的現象，台灣實行了二十年西方來的民主與自由，主張仇恨者可能沒想清楚對立無助於讓台灣保留這樣習以為常需珍惜的制度。不要認為相信和平的人不懂思考，反而要對相信仇恨的人存疑是否有想清楚。

放下仇恨迷思，追求台灣未來保有自由民主！

早在二〇〇四年二月三日，陳水扁與蔡英文就主張簽訂「兩岸和平穩定互動架構協議」，如今蔡英文倡議反對和平協議，這是極不負責任的態度，此舉更不免令人質疑是為了選舉的政治版圖。

兩岸可以務實和平談判的，蔡正元在國會黨的影片介紹：中國大陸一定會要求台灣不要施行台獨政策；相對地，台灣則可以要求大陸保有我們既有的民主與自由，國會黨別於他黨另外還有主張：「一中兩席」，這主張非特例，大陸重要參謀閻學通也主張一國兩席，蘇聯時代也有一蘇三席的案例。因此，兩岸和平協議不只可以終止戰爭狀態，還要爭取更高的國際保障。

國會黨也考慮到協議承諾問題，因此主張簽兩岸和平協議時要比照尼泊爾全面和平協議，由聯合國安理會背書，並在聯合國秘書處登記。比起兩岸持續敵對、付保護費買舊軍火，這方法確實務實很多，若仇恨讓談判拖到有天中國大陸超越美國成為第一強國，您說台灣還能夠保證維持原來的民主自由嗎？固然，主張和平者不曾是您的敵人。

看蔡嗆習就爽？
告訴您誰才是愛台真勇者

在蔡英文還滿足於嗆習近平的網路聲量，走不出自己的同溫層，許多網友喜歡她這樣自認為的捍衛民主而力挺，筆者卻有兩極於此的觀點與看法。兩岸複雜的關係已經多年，台灣主訴民主自由，大陸則主訴統一，真正愛台的並不是短視近利而討厭習，也不是虎視眈眈兩岸戰爭之後漁翁得利的國際勢力；真正愛台的勇者，是在這樣兩岸各自有關心的訴求，願意在困難的態勢下，找出和平的可能性，致力保有兩岸安定關係的推動者，歷史也將會給他們正面的評價。

給支持習被嗆的兩種網友

這次蔡藉回應習近平《告台灣同胞書》提高網路聲量，受到網友支持，支持者大概分兩種：第一種，就是討厭中共總是威脅、恐嚇與用飛彈對準台灣。第二種，就是不喜歡中國大陸的集權制度，感覺若統一將讓自己的自由民主受到威脅。

如果是第一種的朋友，應該換個角度想。首先，威脅與恐嚇是相對的，一個巴掌拍不響，台獨分子不也是常拿國際人權聲量來壓制中共？其次，飛彈其實是中性的，世界各國也都用武力保護自己，端看您的立場是甚麼；如果依照設飛彈就是敵意的邏輯，美國軍艦到處開到別人家也就是對其他國家不敬，難道要中共把自己的手綁起來讓別人打？我倒支持前民進黨主席許信良的論點，應該大膽西進，讓陸資進來，因為這樣大陸就不會輕易地對自己投資的台灣動武。

如果是第二種的朋友，同為前民進黨主席的施明德在日前說，不要聽到「一國」或「一中」就不滿，這樣只會顯示自己的智淺量狹。我們倒是應該反過來看，兩岸這樣長時間隔空嗆聲，帳面上得到國際力挺好棒棒，但實質上對台灣相當不利，兩岸經濟與軍事力量相差愈來愈懸殊下，台灣無法跟大陸靜下來好好商討兩岸怎麼在個別的主訴下互動。

要別人搬去大陸？應自私好鬥的一起搬到南海打

有網友認為主張兩岸和平的論點是委曲求全，甚至說「為啥這些人喜歡大陸卻不移民過去？」那其實應反過來問，「為何不是兩岸自私與好鬥的人一起移民過去南海好好打一打？」

延伸來談，兩岸總是有些人只主張自己在意的主訴，卻不願聆聽對岸的主訴，寧願用戰火來逃避兩岸的複雜關係、解決解不開的統獨問題，既然這些人自私地只想到自己，不會想到自私之後的戰爭結果，加上逞凶又好鬥，麻煩不要把愛好和平的人拖下水，兩造一起搬去南海打仗，打完再告訴我們結論是什麼。

而兩岸主張和平的人、愛好和平的朋友，留在海峽兩岸一起來商討，怎麼樣在兩邊主訴當中，追求共同的和平可能性。

愛台真勇者：致力滿足兩岸主訴的和平家

雖然台灣內部有許多人看到蔡英文嗆習近平就高興，但還是有更多務實的人，致力於同時滿足兩岸主訴的和平家。

當然，這例子少不了柯文哲，在蔡網路聲量大的狀況下，他提出「既然蔡反對九二共識，那她希望怎麼做？」質疑蔡的主張。而上述民進黨的許信良與施明德，雖然網路聲量也遠不及嗆習的蔡英文，但他們在二〇一九年對媒體關於兩岸的發言反而充滿務實與和平。

而國民黨內除了檯面上總是在選舉、對兩岸問題總是提不出務實做法的老面孔外，社群「中華 3.1」精彩的一中三憲影片，點子便源於張亞中教授，他的統合論別於一國兩制，亦受到大陸學者的尊重。除了白綠藍之外，最近新興的國會政黨聯盟，更直接把兩岸和平當作是政黨的主張與訴求。

比起隔岸嗆習這種廉價的選舉手段與政客作為，台灣還是有許多真正有遠見的勇者，他們的勇在於不擔心被島內許多自私與好鬥的人抹紅，在兩岸各自有關心的需求條件下，願意從困難中追求其中和平的可能性。和平才能保有台灣島內安居樂業的環境，這才是「真正的愛台灣」，歷史將會對他們有正面的評價。

因為這件事，馬英九與蔡英文皆成「癮台獨」！

馬英九在扁去中後缺少肩負起撥亂反正之責，蔡英文則親美抗陸造成兩岸敵對，馬英九與蔡英文皆因為「延續了阿扁的去中」，使台灣變成「隱」性的台獨——隱台獨。「隱台獨」也可以說是「癮台獨」，「民主自決」好似上癮的習性，讓台灣不知不覺習慣了「沒有」甚至「仇視」中國大陸的國度；日以俱增的仇恨隨時都可能帶來毀滅，台灣現在需要有遠見的政治家，為「癮台獨」懸崖勒馬，帶來兩岸的和平。

馬在扁去中後缺少肩負起撥亂反正之責

可能有人納悶，蔡英文在有台獨黨綱的民進黨被指為台獨還可以理解，為何馬英九也成為「癮台獨」。最大的原因，就是因為阿扁「去中」政策後，接任的馬並沒有撥亂反正。

在筆者學生的年代，會讀到中國歷史與地理（本文的中國非指現今的中國大陸），從黃帝到清朝至中華民國，這有助於兩岸的認識與正面交流。後來這部分的課文就被政治目的拿掉了，陌生感帶來憎恨與排斥，了解中國（或中華民族）的過去，才能帶來熟悉與理解。

馬英九沒有承擔的肩膀，只要選民、美國一反對就縮起來，導致八年的執政下兩岸沒有互動與了解，反而漸行漸遠。如果您瞭解曼德拉怎麼說服情緒激昂的黑人接受白人，您就會知道真正的政治家應有什麼樣的責任態度、格局與遠見。

蔡親美抗陸的態度就是台獨政策

也有網友質疑：「（蔡英文）守護台灣主權、驅離大陸戰機、聯合國際盟友為何被貼上台獨標籤？」或許，她是沒有像賴清德這樣明著說自己是台獨工作者，但是親美抗陸、醜化中共，說服全民把中國大陸當作假想敵，都是台獨政策。為何呢？因為讓兩岸漸行漸遠的作為，就是等於台獨政策。

「認為一國兩制就是台灣港澳化」，這樣的態度對處理兩岸問題是負面的，也算是台獨政策，誰說台灣一定會跟港澳一樣？換句話說，在台獨政策下，任何化解戰爭帶來和平的解套方法，任何兩岸可能和平相處的方式，都必會被妖魔化。

因此，蔡英文與馬英九都「延續了阿扁的去中」這件事，讓台灣成為「癮台獨」，「民主自決」好似上癮的習性，台灣不知不覺習慣了「沒有」甚至「仇視」中國大陸的國度；但加泰隆尼亞獨立公投、英國脫歐都證實「民主自決」有其集體盲思的陷阱，而日以俱增的兩岸仇恨隨時都可能帶來毀滅。

台獨行不通，應長遠規畫互動藍圖

最近委內瑞拉親美的政變失敗，證實世界已經不是美國說了算。在相鄰的中國大陸強勢崛起，台灣不能再走「親美抗陸」的老路。國會黨主張用「一中兩席」解決兩岸矛盾與衝突的問題，並得到加入聯合國的多項好處，最大的犧牲，就是國政方向必須停止台獨政策；雖說犧牲，其實大陸崛起後就明白台獨行不通，只是騙選票的政客不願承認。

台海發生戰爭時美國是沒有法律依據可以出兵的，因為美國要獲得國會同意，最快需要兩週時間。兩岸若可以簽《兩岸和平協議：一中兩席》方案，並交付安理會背書，將會有個好處，就是安理會成員國可以藉此出兵。把握現在，機會不再，因如果有天中國大陸實力整體上超越美國，安理會背書有沒有效就難說了。

台灣停止台獨政策的共識有個好處，就是大家開始以解決兩岸問題，而不是以誰厲害、誰給誰好看的角度看兩岸問題。我們應該更務實地討論如何在保有台灣想要的制度下與大陸相處，而不是在仇恨下繼續耗，兩岸距離越遠，中共越是打壓台灣的國際空間。停止台獨政策，就是改變以往消極對抗，改為積極思考如何理解大陸，進一步討論怎麼互動。

關於停止台獨政策，早在前總統蔣經國時便曾留下一句名言：「我是台灣人，也是中國人。」這是妙招也是不變的高招，因為兩岸的問題就是認同的問題罷了。近日台灣通過婚平專法，也讓中國大陸沾光，如果台灣對自己民主自由的軟實力有信心，更應該重拾中華文化，正面地與中共對話。

香港反送中難善了，兩岸需要務實鴿派

「反送中」延燒，香港元朗發生白衣人在車站毆打民眾，更盛傳一位孕婦被打，雖她聲明沒說自己是孕婦，但依然興起港警刻意縱容暴力的譴責。誠然，與其跟著網路議論港案，不如認識背後操弄的影武者，並正視兩岸關係的困境。目前兩岸的現狀，最需要的是鴿派務實者，積極地推動和平談判；若不能冷靜反而盲從與一頭熱，只會更容易被政客操弄民粹，使台灣陷入更艱難的困境。讓我們一起追求務實的態度，超越各方意識形態，找出共同可行的道路。

打與被打都是無辜的受害者

有位朋友私下說，反送中其實是美陸貿易戰的一景，就算不是這件事，也會在其他事件

爆出來，筆者很認同。高金素梅也在最近的影片中提出，美國有一個聲稱NGO的美國國家民主基金會，長年資助這些政敵們國內的反對者；如果您看過《經濟殺手的告白》，您就會知道高金所言不虛。

您若細想可以發現，元朗衝突的黑白衣民眾，無論打與被打都是被煽動、無辜的受害者。為何打人也是受害者呢？是否是受害者，應看層面而論。在肉體的傷害上，打人是加害者；在操弄群眾運動上，背後謀取政治利益的影武者才是真正的加害者。

大陸外交部回答得很好，英國殖民的時候香港有辦法遊行嗎？然而，台灣遊行之後，蔡政府是如何對待選民？有聽到人民的聲音嗎？結果得到的是用更高段的假民主，更冠冕堂皇的理由硬拗。

兩岸目前需要鴿派務實者

面對送中案，台人不應受大國帶動的意識形態干擾，更要使兩岸儘速和平談判，國會政黨聯盟（國會黨）的一中兩席方案是應該積極認識、把握的機會，晚了連談的機會都沒了。

對兩岸問題的解決存在兩種人，一則鷹派，一則鴿派；無論鷹或鴿派，裡面都存在兩種人，一種是務實者，一種是幻想者。目前兩岸的現狀，最需要的是鴿派務實者，因為鷹派只會讓兩岸衝突加劇，鴿派幻想者只會按照自己意識形態而脫離現實。鴿派務實者，則會追求「台灣人的視角提升到地球人的視角」的態度。

有次筆者參加一個兩岸交流活動，大家一開始避免談兩岸太敏感的政治話題，後來還是談到了。上海一位與會者非常激動，嘗試想表達他心中矛盾的衝突點，我一開始有點愣住，心想有必要這麼激動嗎？後來筆者選擇冷靜聽他說，聽完半個小時的熱血心得後，我回應他：「雖然不能選擇出生的地方，但我們可以當朋友。」

當時突然發現可以理解他的心情，以前不懂是因自己是用台灣人的視角看兩岸問題，視角變了感受也不同了。現在台灣人的問題，矛盾點在於無法理解大陸人的心情與核心利益。

要如何才能保護中華民國且還能考慮大陸的核心利益，不能以現在兩岸的輿論或意識形態而定，如何做？一定要務實來解套，一中兩席便是一個高明的方法，而剛剛所說「地球人的視角」便是一把鑰匙，有鑰匙才看得懂其中的錦囊妙計。

不務實將造成更艱難的困境

電影《林肯》中有個令筆者印象深刻的橋段，同林肯贊成廢除黑奴制度中有一位激進的同志，林肯說服他不要太過堅持自己沒有彈性的理想，這樣將導致廢除黑奴的法案走不下去。

林肯說，理想就像是羅盤，如果沒有考慮眼前的坑洞沼澤堅持往羅盤的方向走，只會讓自己深陷泥沼無法自拔。後來這位激進反黑奴制度的同志在議會上克制了自己長年「人人生而平等」的主張，改口說「在法律之前人人平等」，並揶揄這些反對解放黑奴的議員雖道德淪喪法律還是要平等對待。當看到那段林肯的同志克制自己的精彩談話，贏得議會的喝采，我也深受感動，真的非常精彩。

兩岸的關係也是如此，筆者可以理解有些人想要捍衛中華民國、捍衛民主與自由的心，但政治如果只考慮自己的角度，沒有一絲一毫的妥協空間，也會讓台灣的未來道路深陷泥沼。這也是為何筆者提出「台灣人的角度」應昇華「地球人的角度」如此重要。

一中兩席方案雖然方向務實，但細節上還是要跟中共談判；怎麼照顧兩個不同政體使其和平相處是雙方共同的課題。如果台灣內部都難有共識，只想取自己要的，怎麼進一步爭取大陸同意呢？

如果台灣都沉溺在選舉立場，很難務實地看待眼前兩岸的困境，那隔閡與對立只是會加劇，未來這種敵對狀況將不會只是民進黨的選票提款機，也會成為狼性軍火商的無限提款機。兩岸無辜的老百姓必會是最大的受害者，而那些虎視眈眈想從中謀取政治利益的國家，則在一旁竊笑。

讓我們一起追求務實的態度，超越各方意識形態，找出共同可行的道路。

兩岸十字路，繼續惡鬥或轉念培養「文化兩棲」

在五天內，索羅門與吉里巴斯接連跟中華民國斷交，路透社另言吐瓦魯親台總理也被換。這時蔡政府真應該好好反思，兩岸在關鍵的十字路口，要繼續惡鬥而被斷交，或是轉念開啟和平大道？「千禧後」的兩岸急需「文化兩棲」，就是能夠認識、體諒兩岸的政體不同，理解與諒解其中文化差異的人民。打開心靈圍牆的大門，才能讓和平發展見到曙光。

美虛情假意抑或蔡無能為力？

吉里巴斯轉向後AIT表示深感失望，其實美國越是這樣表達，越是令人感到虛情假意，為何無法自己帶頭與中華民國建交，還要給小國們壓力呢？難道只是為了冠冕堂皇的面子或搾取台灣的軍購費？筆者無奈稱這是另類的「窮台政策」。

蔡政府上任斷了七個邦交，每次都把責任推給大陸打壓，利用仇恨中共凝聚選票，但吉里巴斯是二〇〇三年阿扁締結的邦交國，網友酸「如果推給老共金援，只是證明英派不如扁派而已。」

加拿大媒體近日刊出外交部長吳釗燮投書，呼籲聯合國「不拋下任何人」，接納台灣。吳便應該退一步想，硬碰硬無法解決入聯問題，何不參考國會政黨聯盟（國會黨）的「一中兩席」方案，這無疑是高明的遠見，不談，台灣未來情勢恐怕更糟。

「千禧後」兩岸急需「文化兩棲」

中華民國成立百餘年，中華人民共和國則於七〇年前成立，兩岸相隔台灣海峽以不同的政體、不同的政府分治，相異的環境造就相異文化思維。而香港在廿多年前從英國回歸中共後，體制差異不免也令兩地人民存有文化思維上的衝突。

「千禧前」與「千禧後」，兩岸三地價值感以二〇〇〇年出生為分水嶺，「千禧後」出生的年輕人越是走向極端。香港「千禧後」的年輕人，是反送中遊行中最為激情的角色；相對地，大陸因為整體國力崛起，「千禧後」的大陸人民相對支持政府立場與作為，他們相信政府的管制是好的，並認為外界批判中共的聲音是被不客觀地扭曲。「千禧後」的兩造政體造成文化上認知隔閡的仇恨與矛盾，同屬於「千禧前」的我與大陸朋友都覺得可怕。

不過，雖然大環境因素影響，兩岸還是有一些對和平抱有期待、願意尊重兩種的政體，並理解與諒解其中文化差異的人，筆者稱之為「文化兩棲」。兩岸的時局造成人心衝突驟升，更急需要培養「文化兩棲」緩解兩岸的誤解。

打開心靈圍牆之門和平見曙光

以往筆者使用 Google 國際吸收世界大小事，曾以為商業無國界，媒體只要有觀眾就可以登上這個頁面，無論是西方、大陸、俄羅斯等媒體消息一覽無遺，我也樂於以這樣不同面向的角度看世界。

可能是因為美陸貿易戰的緣故，Google 設定不同以往，現今已沒有大陸視角的新聞；美國把不同價值的大陸新聞定調為國安威脅，自然就可以要求媒體企業不要放。直到聽一位朋友提到聯合國頒獎給阿里巴巴螞蟻森林，筆者才意識到，這麼大的國際新聞，在 Google 中竟然看不見。

一位陸生廖小花來台之後，發現「台灣人以為自己沒有網絡高牆，以為自己什麼都看得見，其實是什麼都看不到。有一部分台灣文青（憤青）的心靈高牆，更是讓人難以跨越。」廖小花也是屬「文化兩棲」。心靈圍牆確實不能比網路長城還高，我們一起打開心靈圍牆之門，才能讓和平發展見到曙光。

新冠肺炎，台灣可釋出的人道善意！

新冠肺炎，台灣其實可以釋出關懷緩和兩岸緊張；因建立和平關係不容易，而煽動仇恨是最廉價的經營手段。很可惜地，現在只要釋出善意便被視為中共「同路敵」；釋出善意並不是一定要提供什麼醫療物資，也可以是一些簡單的問候與關懷。如果非友即敵放不下身段，難道要開打才痛快？夾在美陸之間，豈一定要把關係搞到無可緩和的餘地？這次疫情雖各國擔心擴散人人自危，但台灣是可以釋出建立和平互動、緩和緊張關係的人道善意。

釋出善意就被視為「中共同路敵」？

武漢爆發傳染肺炎，只要藝人或政治人物聲援支持都會被圍剿，如「香港警察爆打學生時也不見同情心與正義感」、「用飛彈對準台灣時政客卻不罵」等。所以，只要對武漢疫情表達關心或批評政府冷漠作為，在他們眼中便儼然成為「中共同路敵」，這樣的仇視現象令人感慨。

大選結束，台灣在兩岸的事情上依然政治化，對大陸則仍妖魔化，眼看仇陸的粉專、網友持續煽動反陸，真的很心疼，心疼對大陸不懷敵意的無辜百姓。兩岸相隔台灣海峽為鄰，想當朋友都不行？

且不評論是否贊成政府禁止口罩出售大陸的作為，考量管制物資本來就應謹慎。但是，台灣是可以適度地提出關懷善意，就算是留著一點點的人道主義精神。

放不下身段難道要開打才痛快？

兩輛車的追撞，一定是沒有保持安全距離，加上速度沒有控制得宜。兩岸的民情持續緊繃對立，政府間應該找到機會釋出友善的訊息，這次武漢的肺炎疫情，何嘗不是一個人道關懷的機會？

如果在這個急難時候，有其國安考量口罩不出口是可以理解，但還是可以釋出一點關懷，就算是問候也好。如果一點關懷的態度都吝嗇，其實可以加長義務兵役，準備打仗了；因為對岸永遠是仇敵，也會永遠因為一中問題打壓台灣，打一打比較痛快。

誠然，新冠肺炎這件事，就是個遞出橄欖枝的好機會，有人仇恨大陸的打壓，但台灣自己何嘗也放不下身段，就是要比硬？要比，台灣就比得贏對岸嗎？還是一口氣吞不下，要死就一起死？

夾在美陸間，豈要讓兩岸無緩和餘地？

台灣是個最有人情味的寶島，但是被民粹的選舉搞爛了，搞得敵我分明，不是友就是敵。但台灣夾在美國與中國大陸之間，一定要在裡面選邊站拚個死活嗎？

現在政府甘願花百姓的納稅錢軍購，然後美國通過一堆不痛不癢的國內法讓仇陸者乾爽，但至始至終卻不會跟中華民國建交，您還相信建個台灣國就可以改善？果真如此，您真的不知道什麼是國際現實。

對美國依賴的同時也不應放棄兩岸和平的機會，尤其是人道主義帶來的緩和可能。只要台灣在美國的利用價值愈來愈少，自然而然有天會像敘利亞那樣被拋棄，台灣豈一定要讓兩岸之間搞得無緩和的餘地？

綜上，新冠肺炎雖人人自危，但台灣可以釋出正面關係的人道善意。

新冠肺炎的另一類防疫工作

新冠肺炎延燒，台灣擔心再次發生SARS事件，進而產生許多的關注。比起新冠肺炎病毒，筆者認為還有另一類的防疫工作不能忽略，這對象就是「仇恨」。因為，仇恨比病毒感染更不知不覺，且影響更深更遠，如讓人類產生戰亂、文明進步停滯、帶來貧窮等。感染仇恨會引發多重併症，如政體歧視、雙重標準，還有強國壓迫焦慮等。現代世界公民不能沒有的另類防疫工作，就是善用靜的力量，抽離選舉情境成為健康的公民，因為「地球本是大家庭」，本來一體沒有輸贏。

仇恨比病毒感染更深更遠

因台灣經歷過二〇〇三年SARS心有餘悸，為了控制疫情政府做了管制措施是正當的作為，但是如果網路粉專、鄉民藉由這件事情來煽動對大陸的仇恨，最大的受害者是住在台灣的老百姓。為何呢？因為仇恨比病毒感染更深更遠。

SARS與新冠肺炎這樣的冠狀病毒藉由飛沫傳染，症狀跟感冒很像，只要稍微輕忽就會造成集體感染。然而，仇恨感染的途徑就廣了，除了人與人交談間互動、報章雜誌、電視媒體，現在網路發達人手一機，連網路社群都成了仇恨散播的媒介。

或許您認為病毒可以致死，但仇恨不會，噢！依目前兩岸間民情的仇恨，會有對撞衝突的戰爭風險。根據國防資料顯示，只要兩岸發生戰事，第一週就是二十四萬人喪命；核災機率這麼小都願意防，為何不願意阻止戰爭的發生？仇恨讓人類文明停滯更帶來貧窮，固然，只有世界級的政治家願意花心思消弭仇恨對立。

感染仇恨容易引發的併發症

感染仇恨之後，第一個可能併發的症狀，就是「政體歧視」。這也是先入為主的體制優越感，比如台灣人在中華民國施行西方選舉制度之後，便否定中國大陸也歷經五千年的古文明，以專制極權負面觀感概言之，這就是政體歧視。

第二個併發症，就是莫須有的「雙重標準」。新冠肺炎疫情是人類的災難，在人道主義來看不也是一樣道理，善意對待怎麼可以雙重標準？另如人臉辨識的科技，在仇恨作祟下，認為大陸使用會壓迫人權，在台灣使用卻是生活便利。同樣一件事，甲可以但因不認同的體制乙就不行，這對未感仇恨的人來看可以說啼笑皆非。

最後一個併發症，就是「強國壓迫焦慮」。早年諷刺劇《阿宏之聲》，戲中常常聽到一句台詞「這攏是阿共ㄟ陰謀」，影射某些團體或人常會無論什麼事情都聯想到中共帶來的威脅，其實就是突顯台灣過度選舉操作下的壓迫焦慮。

現代公民必有的防疫工作

筆者近日跟一位朋友在聊選舉洗禮的焦慮現象，選舉制度喜歡在每次大選拚個輸贏，但現代公民應該體認「地球本是大家庭」，本來一體沒有輸贏。您看公投狂熱國瑞士平均每個月都公投，但他們的重點不是在支持或反對，而是在引發討論的過程，這樣的公民精神更值得學習。

仇恨最難的防疫工作就在「學會抽離選舉情境」，如果情緒無法放下，筆者建議嘗試暫時隔離這些新聞資訊至少二十一天，電視台可以改看電影，手機可以暫時移除電子新聞。反正「不看新聞會與世界脫節，看新聞會與事實脫節。」

讓自己從選舉激情中隔離開來，從現實中品嘗生活，重新認識自己。靜，是一個現代公民必備的防疫工作；懂得寧靜的人，對世俗的仇恨更容易超然以對，這也是簡單的養生之道。

防疫源自戰疫?
新冠病毒現象引人類反思

新冠狀病毒 COVID-19 疫情延燒,連鄰近的日本、南韓都受到疫情波及。令人遺憾的是,科學的訊息透漏,這次防疫之亂主角可能是非天然的病毒;大國之間的戰疫成為病毒傳染之因,人造之因眾說紛紜。「科技始終來自於人性」,但科技日新月異進步下,隨著人心之用的善與惡,科技帶來人類的便利,卻也帶來戰爭。人類身為萬物之靈,應該反思戰爭無益,進而停止任何形式的戰役,因地球資源足以照顧所有生命。

COVID-19 人造之因眾說紛紜

新冠病毒 COVID-19 的疫情還不知道哪時候可以結束,全球經濟已經受到影響與創傷。

在這個全球最需要共體時艱的當下，最令人感到遺憾的訊息，莫過於這個病毒可能是人造的產物。

網路有兩種極端消息：第一種，中共想製造生化武器，不小心從實驗室感染出來，消息甚至指出威脅到習近平的領導地位；另一種，美國商人聘用大陸實驗室做生化與培養疫苗欲圖大量資金，實驗室處理不慎造成感染。

人造的代表什麼？代表人類本來不需要遭受這樣的病毒惡化困擾，但因為某個人或團體基於某種私心，製造出這樣的生化武器。無論哪種目的，這些都對人類有極大的傷害。

科技是兩面刃，人心之用成善惡！

人類在早期用石器、刀器做服飾、料理，但後來都成為攻擊敵人的武器；發明火藥之後，雖然善用在工業用途，卻也成為攻擊的槍炮武器；核能讓潔淨能源有了新的可能，但核導彈卻成了造成更大量傷亡的武器。

如今，人類的生物科技發達了，所以利用基因定序的技術，了解如何改變基因特性，有機會讓農作物可以在惡劣的環境生長；但基因技術「恐怕」也被用在壞的心思上，改變蝙蝠基因，一代一代的冠狀病毒成為致命的傳染病。

Nokia 有段廣告：「科技始終來自於人性。」科技隨人類的生活需求而進步，但進步的科技卻也成為兩面刃，人心的善惡讓它變得極端。當人心之用為善，科技帶給人類帶來便利與舒適的生活；反之用為惡，科技帶給人類愈來愈可怕的毀滅。

停止戰爭方能地球資源共享

歷史的慘痛經驗告訴人們，不要以戰制戰，戰爭只會帶來更多的鬥爭。列強的戰疫下，小國遭受代理人之爭只能等著受壓榨；無辜的老百姓常常在戰役中喪生，同時浪費許多資源在武器製造、醫療資源上。

然而，地球上還有許多的國家、地區存在飢餓的居民，其實並不是地球資源不夠，而是這些戰疫浪費的資源流失，加上弱肉強食的生態，造成這些弱小只能受到欺負。

人類身為靈長動物，主導地球物種的福禍，應該省思戰爭帶來的後果。期望世界有愈來愈多的大國領袖願意多些慈悲心，結合願意捨棄種族歧視、捨棄政體歧視的領袖，一起推動停止任何形式的戰爭計畫、扶弱救貧。因為，地球資源本來就可以照顧到所有生命。

天災人禍頻傳給人類的警示

才剛與川普吃過飯的巴西總統波索納洛感染了新冠肺炎 COVID-19，與其接觸的美國邁阿密市長蘇亞雷斯也確診，全世界都注目這個世界衛生組織（WHO）剛發布的新流行病，台灣似乎忘了兩個月前還在歷經大選洗禮。可惜的是，人性光芒並未止住兩岸仇恨，國際間的貿易戰同樣屬於惡性的競爭；天災人禍頻傳，似乎是上天提醒著人類，兩岸間、國際間暗藏深層人類的黑暗意識，需要深刻地反思與覺知。

人性光芒止不住兩岸仇恨？

您可以留意到，剛好在中華民國一月分總統大選之後，取代選前的香港反送中、挺罷韓等新聞，新冠狀病毒的相關消息進入台灣各大媒體的版面，天天上演搶購口罩、酒精、衛生紙等，還有各國的疫情與防疫相關新聞。

雖媒體效應成功帶動民眾自我防疫觀念，如洗手、戴口罩等習慣，但不變的是民眾對大陸的敵意，尤以 WHO 正名「新冠病毒 COVID-19」取代「武漢肺炎」事件最為顯著。蔡政府不予採納與媒體不以為意地繼續使用，此情況讓大陸網民相當不滿。

筆者認為，人性光芒、人道精神是兩岸改善關係的大好時機。防疫當然是自身優先，但如果可以在防疫期間適時表達關心與合作可能，對緩和兩岸緊張關係是有絕對正面的幫助。改善兩岸關係也絕對是台灣國家發展當前的關鍵因素。

貿易戰屬反人類文明之爭

兩岸間、國家間的競爭若屬於良性的，可以帶給人類更多進步的助益。但如果是惡性的，則會帶給人類毀滅，屬於反人類文明之爭。

對於中國大陸以至其他國家，如歐盟的法德西（英）、越南、印度等，美國總統川普用提高關稅的方式逼對方答應退讓，目的在保護美國自身利益，屬於惡性的反人類文明之競爭。

至於前段日子在台灣選前的反送中運動，也被視為美陸貿易戰的一角，香港的一國兩制問題被視為中國大陸的軟肋。國家體制雖有差異，都為了讓人民過好日子，自由人權、公平正義一向就是各國致力提高的面向，豈容沒責任的局外人任意閒話？

天災人禍提醒人類不應止於保護主義

台灣民間有句諺語：「頭上三尺有神明」，提醒人們做好人、做好事的重要；然而天災人禍頻傳，彷彿上天提醒著人類在兩岸間、國際間的惡性競爭，暗藏著更深層人類的黑暗意識，需要深刻地反思與覺知。

現代人類的新文明，不只是科技上的進步，在族群間的友善、愛的昇華與發展，應納入人類文明的重要新指標。天災人禍的發生，彷彿提醒著人們不應該止於保護主義，而是進一步發揚人性光輝，改變對立、惡性競爭的人類陋習。

人在困難之下，基於生存想要保護自己屬於正常，但歷史的經驗教訓提醒我們，以戰制戰終無和平可能。地球就像一個大家庭，而地球的資源本來夠全人類使用，只要提高人類文明，就可以照顧到所有生命。

選票或和平？

"It is impossible to reach HIM, that is, TRUTH, except through LOVE. Love can only be expressed fully when man reduces himself to a cipher. " by ગાંધી

「除非通過仁愛，不可能接近真理之神。只有當人把他自己降為零的時候，仁愛才能充分表現出來。」

——印度國父甘地

問

1. 操作仇恨是否屬一個廉價的民主？
2. 戰爭才可以保有民主與自由？
3. 台灣是否有獨立的可能？
4. 親美仇陸，台灣是否有其他出路？
5. 是否有選票與和平兼得的例子？

您可不曾認識的和平

蔡英文在兩岸的議題上總是表現強硬，宣示捍衛台灣的主權；有媒體人評論她表面上嗆中共，但是骨子裡是想維持穩定現狀。無論如何，親美仇陸的極端政治，對台灣來說絕對不是件好事，有智慧的政治家應該避免。

操作仇恨，一直是一個廉價的民主，贏得選票卻必須犧牲和平絕不是明智的方式；令人憂心的是，現在的年輕人寧願發生戰爭以爭取自己應有的民主與自由。或許，贏得選票又爭取和平的例子，更值得台灣學習；曼德拉說服國人接受白人，台灣也可以接受兩岸和平。

當和平成為祭品，誰來為百姓思危？

選前一則小故事，在媽媽知道自己的大選焦慮後，選擇了退讓並交身分證給她，女兒稱自己為了台灣民主得到了勝利。筆者無奈這是學到了「你是民我是主」的精神，這樣的民主不是真的民主，反而會危及到國家發展的安全。為何這樣說呢？這次蔡英文成功地拿護主權作為連任的戰略，仇共、恐共卻形成民意的最大共識，只要有人主張和平，綠粉專便羅幟中共同路人、舔共等罪名，可以說拿和平當祭品，遊走戰爭風險的邊緣。極端政治令人憂心，誰來為百姓思危？

護主權不應冒戰爭風險來炒短線

小英這次拿到八一七萬張歷史新高的選票，選後接受 BBC 訪問時表示，大陸應該對台灣表示尊重，兩岸無法避免戰爭，但如果大陸要侵略台灣將會付出很大的代價。對此一位朋友極為中肯地結論：除非兩岸真的發生戰爭讓台灣陷入毀滅與痛苦，不然「保護台灣主權」這樣的論述贏的都是小英。

您認為真的不會戰爭嗎？仇共的朋友們可能沒靜下心來想過，以這樣的兩岸民情對立下去，兩造皆強硬不相退讓，真有可能發生戰爭。就算克制不主動攻擊，誰能確保不會擦槍走火？只要發生戰爭，台灣未來便沒有主權可談。

筆者認同民眾黨柯文哲主席的態度：「不要在自己同胞中製造敵人，不要把愛台灣當作自己的專利」；而國會政黨聯盟妙天主席的分析更是睿智：抗衡大陸是短線的護主權，但是兩岸和平才是護主權的長遠之計。

「你是民我是主」不是真民主

用保管身分證來克服選舉焦慮，不是代表對方認同自己的政治觀，而是代表她愛我們更勝於她自己。這樣為了達到自己的政治目的，讓對方放棄行使選舉權，跟政府用國家機器打壓異己的手段一樣，其實不是真正的民主。

一個健康的民主，不只多數決定，同時也會尊重少數。雖然少數人的意見無法影響結果，但懂得尊重少數的聲音會有個好處，當國家有「集體盲思」的困境時，少數人更會給予適當的緩衝或折衷的思考方向。

現在主張兩岸和平成了政治錯誤的氛圍，會有很大的戰爭風險，你看小英連任之後拋出兩岸對話的訊息，北京卻無法信任她與台灣對話，若兩岸政策變本加厲隔開彼此，民心會因為陌生而愈走愈遠，和平將成為兩岸執政者一意孤行的祭品。

兩岸應轉政體歧視為理解、包容

或許有人認為，某天大陸會像台灣這樣民主開放，兩岸再來對話，但您應該瞭解，香港在反送中事件後，大陸多數人民對於西方民主的制度不但沒有提高期待，反而認為西方民主制度造成動亂、經濟蕭條，是不被眾人接受的。

為何台灣民眾看到香港事件覺得集權可怕，大陸民眾反而覺得民主不好呢？不要以為只因他們被資訊控制而洗腦了，台灣單方面選舉至上的價值觀所傳達的訊息何嘗不是一種封閉資訊？兩岸的政府雖體制不同，但都是為了讓百姓過好日子。

筆者認為，台灣應該要有能夠轉變「政體歧視」群體意識的政治領袖，也是因為兩岸的體制不同，越是保護主義越是無法求同存異，只會讓對立逐步升高。因此，理解、包容才是兩岸和平雙贏的正解，您說不是嗎？

推倒意識形態鬥爭的高牆

近日與幾位朋友在聊陸配人權、促轉會、離岸風力等時事議題，一位朋友精闢地分析：「看起來這三件互不相干的事，但都呈現同一件事：藍綠版圖的角力。」確實，意識形態的問題讓台灣漠視人權、破壞體制，今日成為務實與反智的角力年代，導致政治效能不彰，經濟也被拖累。現今台灣的民主，成為意識形態鬥爭的高牆，擋住了台灣的政治進步與經濟發展；走回務實、走回理性，才能推倒這個高牆。

為了政治版圖漠視人權、破壞體制

在兩岸的問題上，只因政府對大陸的戒心，陸配比外配的人權還不如，外籍新娘只要居住四年就可以歸化國籍，大陸新娘卻要六年。有時候在想，難道我們要因兩岸統獨意識形態之爭，欺負無辜的老百姓嗎？台灣是否願意積極成為人權現代化的國家？

最近口譯哥的事情鬧得沸沸揚揚，很多讀者仍然搞不清楚重點：約聘的口譯哥可以跳過國家考試，直接占事務官的文官缺，為的就是幫蔡政府進不了WHA的事情擦屁股。而促轉會的部分，筆者常說寬恕的「轉型」才屬於「正義」，如今促轉會已經變成綠打藍的打手，被戲稱「轉盤正義」，拿到權力就想盡辦法打壓異己，造成另一個權威，促轉會也可說是民進黨破壞體制的政治作為。無辜的政治受害者，真的有辦法在這樣的政治鬥爭下獲得證明或平反嗎？

漠視人權、破壞體制，每次立院停滯的原因，常常都是因為藍綠不問是非，只問立場造成，難怪柯文哲市長說：「除了藍綠除了統獨其實都差不多。」

今日成為務實與反智間角力的年代

至於能源的問題，從務實面來看，政策一定要從科學專業來著手，現在蔡政府為了自己的「反核」神主牌，不惜提倡電價買高賣低的離岸風力，多花八千四百億也無法保證不缺電，卻把可以用的穩定核能擺著不用。民進黨推不成熟的綠能，國民黨亦有反核也反火不負責任的市長，只要藍綠把持反智的遊戲，就可以帶動穩固的支持基本盤，不愁拿不到選票。

有次跟一位長輩聊到核能，她提到台灣可能發生火山爆發造成核災，我確實有被如此無限上綱的危險說法嚇到。許多選民從未用科學來看待能源這件事，認為理智或知識對於政策有害而無益，這不就是反智的態度？也因此，今日成為「務實」與「反智」角力的年代。

推倒意識高牆：不問立場從務實看待

一個國家機器如果改朝換代就要改變做法，換人做就重新再來，等於很多力氣都花在內耗裡，如教育、能源永續、體制建立等問題攸關國家發展，更不應該因為政黨的版圖角力而遭到破壞。而議題在意識形態的情況下，藍綠選邊站的問題也讓國會功能停滯。

重新思考台灣的民主的時候到了，我們應該不問立場，用更務實、從長遠的國家發展來看，推倒眼前意識形態的高牆。

WHA揭穿的國王新衣

獨派號召把中華民國的護照封面貼上「台灣國」，參加新總統蔡英文的五二〇就職典禮。不過，雖然蔡英文必不會按中國大陸的壓力談九二共識，但也不會貿然踏上造成中共動武的台獨底線，這便是民進黨給獨派選民的國王新衣。而WHA的一中原則，悄悄地揭穿國王新衣的真面目，在各角落都顯示民進黨必須接受「一中原則」的無奈。然而台灣真正的出口是「中華民國在台灣」，團結並穩固民主憲政，因強盛才有辦法重新走回國際舞台。

「兩國論」——滿足獨派選民的國王新衣

蔡英文就職雖不談九二共識，但也不會踩宣布台獨的紅線，背後有個很大的現實因素，就是中共可能因此不惜一切動武，而台灣的獨派選民還陶醉在「想像另外建一個台灣國」的國王新衣裡。在美國二〇一六年中國軍力報告中，也提到不支持台灣獨立改變台海現狀，原因便是大陸對台灣的軍力布署未因馬習會而改變。

從李登輝時代到陳水扁政府，為了滿足獨派選民，一直無法說出兩岸的現實狀況，便是中華民國在兩岸與國際情勢下只能接受的「一中原則」。其實民進黨在國際現實情勢下，早就已經默認地接受一中，只是不想承認，例如從陳水扁政府二〇〇五年七月起，我國參加WHO技術會議，當時使用的名稱是「中國台灣」（Taiwan, China）前後達十八次，但當時沒有公開。這次世界衛生組織（WHO）發函邀請我國參與世界衛生大會（WHA），第一次搬出「一個中國」原則，民進黨的跳腳反應也是演給獨派看的國王新衣，其實早就清楚這些國際現實。

而另一個明顯的例子，民進黨二〇一四年在野期間提出來的兩岸監督條例版本，於即將執政二〇一六年後有明顯的不同，尤其是兩國論的地方被悄悄地拿掉了。

穿了非現實的國王新衣，以為兩岸的事這麼簡單

長期以來兩岸的問題一直困擾著台灣，主要的原因便是某些政客為了滿足獨派選民，給了這件陶醉於非現實的國王新衣。這也是為何有一部分的人，想像著把自己中華民國的護照貼上「台灣國」的字眼，就可以解決兩岸的問題。

至於兩岸用公投自決？記者問到卸任的行政院院長張善政，張認為台灣對重大政策公投次數少，而人民對於兩岸、外交議題並不了解，因此不適合用公投決定政策走向。誠然，兩岸議題已炒得沸沸揚揚人民為何還不了解？主要是因為兩岸與外交議題在台灣內部，確實人民也是處於「現實錯亂」的狀態，這也是意識形態選舉產生的問題。

美專家在二〇一六年一月分總統大選前就提出，兩岸目前遇到比派航母還可怕的「經濟相互保證毀滅」。台灣的政治領袖們如果不正視意識形態產生的問題，兩岸的關係只會愈來愈走下坡。

中華民國在台灣，並非統或獨才是兩岸唯二的選項！

事實上，統與獨並非兩岸的唯二選項，「只要非獨就是統」是意識形態選舉所操作出來的氛圍。而「中華民國在台灣」確實是不踩大陸紅線，又可以讓台灣團結起來的最佳選項。

只要不抓著非現實的國王新衣，台灣可以保有完善的民主與憲政基礎，並可以在和平的互動下與大陸對談。我們應該學習以色列或其他國家一樣團結，並穩固真正民主與憲政的價值，讓中華民國在台灣因強盛而走回國際舞台。

妖魔化中共——
蔡滿足選票的鴉片？

為何「妖魔化中共」恐成了蔡的鴉片？分兩個層面來說：第一，台灣的政治生態讓政客們只為選票說話；第二，「妖魔化對手」是滿足選票最快手段。您不要以為對此鴉片上癮沒有代價，這個代價就是選民不怕戰爭只逞一時之快，以為自己成了刀槍不入的現代義和團；如今有網友更在蔡臉書上報名第一個上戰場，這將是可怕的徵兆。試想，戰爭發生之後兩岸無辜的人民可以承受嗎？要讓人民在鴉片下醒過來，就要正視戰爭的代價，並選出願意促使兩岸和平的執政團隊。

層面一：政治生態讓政客們只為選票說話

為何「妖魔化中共」恐成了蔡的鴉片？首先，蔡英文何來的勇氣跟中共嗆聲？那並不是因她清楚兩岸的問題怎麼解決，主要的原因卻可能是她為了選票說話，不為改善問題說話。相對於蔡英文的反應，台北市長柯文哲觀察到一個很有趣的現象：「國民黨連反應的勇氣都沒有」，這也是同樣的原因：被選票綁架。

這也不能怪蔡英文或國民黨，因為藍綠同時被選票綁架只有一個原因，就是「選民理盲而濫情」的政治生態。

層面二：「妖魔化對手」是滿足選票最快手段

「妖魔化中共」恐成了蔡的鴉片，其第二層面，就是因為滿足選票最快的手段只有一個：妖魔化對手。「妖魔化中共」只要做到讓台灣好似同出一口氣便可以，至於為何國民黨對習的談話顧慮很多？因為蔡也可以輕易的從中妖魔化：國民黨是個出賣主權的政黨。

因此，蔡否定了九二共識，但也拿不出更好的方法，只需要一次次地拿起妖魔化的旗幟，就可以輕鬆地吸到選民的支持。選民不會記得台灣在蔡英文的帶領下搞意識形態而窮了，綠媒也配合演出酸其他政治人物：「就要失去主權了還有人在拚經濟」；選民也會不管兩岸可以怎麼樣和平，因為天真地以為自己說了算的民主為大。這一切的手法就像鴉片一樣，讓台灣脫離現實進入幻想。

因此，蔡很威風地收集起各國翻譯她回應中共的圖片，說明她是如何捍衛「台灣」的主權；蔡樂此不疲，因為網路鄉民挺她這麼做。

蔡鴉片成癮的後果：民眾成了刀槍不入的現代義和團

我們可以嘗試推演幾個簡單的兩岸問題：

一、兩岸可以在台獨之下不發生戰爭嗎？不會，因為中共會為了避免國土分裂不惜一戰。你當然可以像蔡英文一樣不負責任地把問題都推給中共，問題是發生戰爭後兩岸無辜的人民可以承受後果嗎？

二、我們不能認為「台灣本來獨立于大陸什麼事」嗎？當然不，兩岸的命運不可分割，並顯然也不是台灣自己說了算，就跟無法選家人一樣。

三、我們無法拿全世界來壓中共嗎？可以，但這對防止戰爭於事無補，當川普輕易地放棄敘利亞的同時，您是否想過台灣將成為第二個敘利亞？

四、中國大陸應該先民主自由再來談統一不對嗎？可以，但要兩岸有趨於統一的氛圍前提之下才行，顯然在蔡英文的帶領下，台獨越強勢越是逼中共武統。

令人遺憾的，有網友在蔡的臉書留言：「從現在開始，只要是中共發起戰爭，我第一個參戰，我也第一個開始殺掉那些親共的寄生蟲……我用生命挺你。」這是可怕的徵兆，如果大部分的鄉民都願意讓兩岸發生戰爭，那戰事就像兩輛無煞車的快車到來。「吸鴉片」的後果，造成領導人從不認為兩岸戰爭是出於自己的問題，寧可發生戰爭也要贏得連任。

在網路鄉民覺得蔡英文嗆得好的狀況之下，兩岸政府的緊張對立繼續增加，您說解決了問題嗎？沒有，中共不會因此舉旗投降。蔡真正捍衛了主權了嗎？不會，因為她只強化了中共想用武力統一的決心。而這些為蔡英文喝采的鄉民們有想過兩岸發生戰爭會怎麼樣嗎？顯然沒有，就好像當年滿清時認為自己刀槍不入的義和團一樣。

選出不為私而為全民謀福的執政團隊

由上述的分析可知，只要讓蔡持續滿足於「妖魔化的鴉片」就會造成戰爭，要讓人民在鴉片下醒過來，就要正視戰爭的代價。

誠然，「執政者不能為一己之私、一黨之私，應該為全心為民謀福。」這道理應該大家都認同，但怎麼做到呢？首先，我們不能活在同溫層，拿情緒來看待主權的問題，因為只要情緒化就容易被自私的政客煽動。第二，我們要拒絕藍綠掛帥的兩黨政治，如果您有注意過，藍綠無法將理想的候選人推上檯面的根本原因，就是他們往往需要考慮政黨的生存，選票因素箝制他們無法說真話。第三，選出願意促使為兩岸和平的執政團隊，不是在說嘴上面逞一時之快的政客。

最後請記得一個重點：我們的時間有限，拖越久台灣越處於弱勢。

蔡為選舉玩命？拿戰爭當遊戲？

為何民進黨統一戰線要反對《兩岸和平協議》，即使當初陳水扁任總統與蔡英文當陸委會主委時都曾主張過，最大的原因推測就是蔡治國不利要用此來競選連任，部分選民還傻呼呼地被情緒帶動。誠然，為了選舉而玩命是很不負責的態度；戰爭絕對不能當遊戲，兩岸戰爭台灣死亡恐高達二十四萬人以上。那兩岸應該怎麼簽和平協議呢？「一中兩席」將會是全世界的最大公約數；台灣先入聯，兩岸關係再慢慢地談。

為反而反都是為了選舉

有人說西藏與中共簽和平協議還是被打，其實背後有四川、西康的喇嘛與農奴問題卻沒被解析，事件被片段地斷章取義。有人說協議是國內簽的，旅美歷史學者黎蝸藤以南北越與以巴為前例，說明不盡然都是國內關係。

有人把和平協議視為統一協議，蔡正元笑有些人不念書，憲法增修條文中，台灣是中華民國自由地區，大陸則是中華民國大陸地區。難道蔡政府要為反對兩岸和平改憲法？至於最近蘇貞昌拿邱吉爾簽協議還是戰爭的例子，退伍老將吳斯懷批評，當時德國納粹只有征服殺戮不談和平，政府有必要急著宣布要戰、決不投降嗎？

和平協議對兩岸的和平很重要，為何民進黨如今想盡辦法妖魔化大陸、為反而反呢？蔡英文接受 CNN 採訪自白，因民進黨在國內政策相對不受歡迎，希望對大陸立場可以讓她勝選。在選舉上，或許蔡是戰略家；但在國家安全上，蔡英文實然把台灣推上戰爭的危險邊緣，為選舉而玩命，這是很不負責任的執政態度。

無法不正視的的中國大陸崛起

有很多憤青認為台灣自主不應該被大陸影響，但任何國家的自主都可以自己決定嗎？現實顯然不是如此，加泰隆尼亞的獨立運動結果證實，只要西班牙不同意，公民投票也是白投。

這也是為何AIT反對台灣獨立公投的原因，如果美國與中國大陸不同意，玩到最後也是白搭。

台海兩岸出現了一個新的變數：中國大陸快速崛起，雖然在全球的軍事實力上美國仍然是老大，但在西太平洋區域來說這個老大已經易主，台灣不能忽視也不能任性逃避面對這樣情勢的變化，應該提早因應。

一個很妙的比喻：如果一個日漸膨脹的氣球在你身邊，你要接個管子疏通，還是拿根刺對著它呢？一份軍方的機密評估，台海一旦開戰，七天內台灣軍民死亡將是百倍的九二一大地震死亡人數，因此戰爭絕對不能當遊戲。如果您看過敘利亞的戰爭前後對照，慘狀後果無法重來。

一中兩席：全世界可接受的公約數

相對國民黨模糊地提出原則，國會政黨聯盟明確地指出兩岸和平協議就是要推行「一中兩席」，為中華民國爭取聯合國的席次。

蘇聯曾經在聯合國成立的時候，與白俄羅斯、烏克蘭擁有三個席次；中華民國如今無法加入聯合國任何的機制，也要學習這個先人的智慧，替兩岸尷尬的關係解套。您說「一中兩席」其他國家會反對嗎？如果台灣在聯合國有個身分加入，全世界都會因為人道的美意贊成，台灣也因此減少許多不必要的關稅。

不要被選舉的情緒操弄，與大陸簽「一中兩席」的兩岸和平協議，對中華民國的未來將是光明的出路。

二十四萬條人命值多少張蔡英文的選票?

共機二〇一九年三月底越中線，料中蔡英文表現強硬，並說只有她可以捍衛台灣主權，為何蔡就是要醜化中共、醜化兩岸和平協議呢?那是因為她拿對立中共當支持連任的把戲。

誠然，把戰爭當選舉籌碼的態度要不是冷血就是白目，因沒有人有資格衡量，兩岸若真擦槍走火而發生戰爭，第一週死亡二十四萬台灣人值多少張選票。甚至，誰可以保證戰爭之後還會有選舉?選民不應再傻傻地相信政客操弄兩岸對立，仇恨招致毀滅，兩岸應盡速和平談判，和平才能帶來繁榮。

蔡以巧言利己，醜化談判斷送和平!

近日英國脫歐頻頻碰壁，西班牙現任首相桑傑士認為，脫歐與先前加泰隆尼亞獨立運動相比，「都是相關政治或利益團體鼓吹，並在謊言的基礎之上形成，結果帶領整個社會走入了死胡同之內！」

台獨何嘗不是如此，蔡英文曾說「一中是唯一選擇」，現在反過來把兩岸和平協議扭曲為台灣港澳化；說自己捍衛主權，日本把釣魚台列為自己領土時蔡卻不吭一聲。蔡英文以巧言堆疊自己的聲望，醜化了兩岸和平協議、一國兩制，斷送了兩岸和平的可能，讓仇恨與對立日益升高。

您會發現，台獨根本行不通，國會一黨獨大的民進黨不敢修憲法的統一內容，AIT也否定台灣獨立公投；而賴清德口中的台灣主權獨立，也是殘破不堪而迴避國際現實的巧言。加上仇陸媒體不克制地加油添醋，使台灣人民對中共的仇視愈來愈深。

蔡把戰爭當選舉遊戲是冷血或白目？

為何明知台獨玩假的而蔡英文仍舊如此？答案大家都很清楚，CNN在二〇一九年二月專訪蔡英文後也做了一個評析，因為內政不被選民認同，所以希望以對大陸強硬的態度，贏得二〇二〇連任。

孫文學校張亞中教授曾經以芬蘭為例，因為不想戰爭，連蘇聯潛艦開到家門口都沒有抗議。現在台灣被當作美國的棋子，若真的發生戰爭死的是台灣人、損失的也是台灣。有責任的政治人物會懂，避免戰爭追求和平並非認同中共打壓，而是我們沒有必要逞一時英雄。

誠然，只有兩種原因使得蔡會為了連任而操作兩岸對立：第一，就是十分冷血，認為就算兩岸真的發生戰爭責任在中共而不在她身上；第二，就是為權不顧戰爭風險的白目政客。

如果兩岸開戰，美國並無法律依據出兵，經過國會同意也要兩週，而依據軍方評估，台海開戰第一週，七天內台灣將會有百倍的九二一死亡人數。要玩選舉讓兩岸遊走戰爭邊緣，是否需先經過這二十四萬條人命的家屬同意？戰爭之後，您覺得選票有任何意義或效果嗎？

仇恨招致毀滅，和平帶來繁榮！

國會黨悟覺妙天主席提醒：「現在人與人之間沒有愛心、包容，都是一種仇恨的心，對待兩岸的對峙，國內也是一樣。政治如果以仇恨為出發點，那就走向毀滅。」筆者認為，我們會懂得防護地震、火災，但也應該學習預防戰爭，台灣現在連真正的戰爭防空演習也沒有，既然總統玩權冷血而白目，人民應該自覺，不要再被選舉伎倆操弄騙了，避免對立的仇恨徒增擦槍走火風險。

國際情勢專家賴岳謙教授則指出，世界各地都是用一國多制處理區域爭議，加拿大處理魁北克問題、英國對蘇格蘭與愛爾蘭問題、西班牙對加泰隆尼亞問題等，都是一國多制。美國的聯邦權力是州交出來的，不是聯邦給州權力；妖魔化一國兩制為台灣港澳化的人，都不敢說清楚協議的位階不會高於憲法，也不考慮與對岸討論和平統一的可能，只是一味醜化中共不可信任。

國會黨提倡《兩岸和平協議：一中兩席》方案其來有自，以美蘇冷戰為範，和平談判可以避免戰爭，現在兩岸的對立應該懸崖勒馬，盡速恢復和談的可能！如果兩岸和平，經濟繁榮也會隨之而來。

「送中案」蔡政府配合美國各取所需的戲碼

在討論送中案（逃犯條例）司法細節的過程中，讓筆者想到這本書——《經濟殺手的告白》。來自一位朋友的解析：「這個時間點爆發遊行，只能是中美貿易戰中的一部分；如果沒有送中條例，也會因別的事情在香港鬧起來。」美國對付政敵無所不用其極，目前積極對付的，就是百年來第五個老二——「中國大陸」。蔡英文為了爭取勝選，動用行政資源在「送中案」跟著裡應外合配合演出。誠然，當前推動世界和平的第一把鑰匙，便是「放下對社會主義國家政體的歧視」；歷史告訴我們，抗衡與戰禍只會禍及無辜的百姓，和平才是造成多贏的王道。

美國對付政敵無所不用其極

美國對付政敵，往往讓人想到中情局與軍事攻擊，這不會是在電影裡面才存在。「中情局」在《經》一書中被戲稱為豺狼，剛果的元首盧盟巴便是在拒絕出賣國家利益下，被美國中情局暗殺；當然美國情報行動並不是都成功，如近期推動的委內瑞拉政變即告失敗。

「軍事攻擊」手段則極為殘暴，不被收買的伊拉克海珊就十分壯烈了，美國以藏有大規模殺傷性武器為由，直接以軍事行動加以殺害，事後竟找不到任何證據；近年來美國的軍事行動背後基礎越行誇張，敘利亞被美英法攻擊，出兵理由竟是擺拍的影片。這些經驗不禁讓人懷疑，近日美國主張油輪被攻擊是政敵伊朗所為，證據是否也是造假？

其實在中情局與軍事行動前，為了讓事情更顯得理所當然，美國有個隱性的前線角色：經濟殺手，如果他們的任務無功而返，中情局才會接續上場，不然最後只能以軍事行動收場。經濟殺手會用不同的身分遊走民間（可能是商人），但實際是為政府做事，他們的工作就是對治國家的政敵，搞垮對方的經濟。

經濟殺手怎麼對付目標呢？《經》一書提到美國前經濟殺手的告白：「表面上，我是一位高薪的經濟顧問，實則身負經濟殺手的任務，向世界各國詐騙難以計數的錢財。我們以不實的經濟預測、選舉舞弊、收買、勒索、性招待為手段，慫恿各國領袖加入促進美國利益的大集團。」美國用盡一切手段對付他國，真的令人不寒而慄。

蔡政府成為美國裡應外合的打手

這次「送中案」除了討論司法問題，愈來愈多的訊息顯示，是香港反對派、港獨分子與西方反華勢力裡應外合，美國參與其中對付中國大陸，連蔡政府也配合演出戲碼；香港的人權議題對中共來說是軟肋，只要可以抓到群眾運動的要領，隨時都可以造勢。仇恨令人盲目，只要稍微利用對一個共同目標的敵視，就可以煽動群眾。

那為何美國要對付中共？對付中共的動機是什麼呢？瑞士信貸私人銀行副董事長陶冬提及，美國百年來幹掉四個老二，包括英國、德國、前蘇聯及日本，目前進行中的就是中國大陸。美國的老大心態不改，自始至終都想對付國力追上來的國家。

重點來了，這次的送中案起源於港人在台的殺人事件，哪裡看出來蔡政府也「配合演出」呢？二〇一九年二月分法務部對港府修法改善引渡合作的說法是「樂觀其成」，四個月的時間，蔡英文就卯起來深夜發文批評港府，就可見端倪。美國想打擊國力即將追過的老二中國大陸，蔡英文則想用盡手段贏得勝選，在送中案共同發聲，各取所需。

抗衡傷人傷己；和平才是造成多贏的王道

歷史名鑑，抗衡與戰禍只會殃及無辜的百姓。川普封殺華為後，美國晶片大廠柏通被打趴，今年收益減少逾百億；而蔡英文這次送中案再次做出聯美抗陸大戲後，行政長林鄭月娥於十五日宣布，由於台灣已表明不接受現有修例移交在台殺人的陳氏，因此修例迫切性不存在，暫緩議程。這些例證都說明，為一己之私玩政治手段，不只傷人還會傷己。

美國是無法永遠對付所有的老二，至少對付中國大陸將成第一個失敗，怎麼說呢？美國前總統卡特曾寫信給川普建言：「我們（美國）在戰爭上花費了大約三兆美元，中國（大陸）則把錢花在了對人民有利的東西上。」卡特的信猶如國父孫中山的《上李鴻章書》一樣，建議國家富強不能只是靠船堅砲利，還要「人盡其才，地盡其利，物盡其用，貨暢其流」。不過，後來川普私人致電卡特坦言，不僅是經濟，「中國大陸在許多方面都遠遠超過了美國」。

那美國與蔡政府應該怎麼做呢？誠然，世界沒有完美的政體，當前推動世界和平的第一把鑰匙，便是「放下對社會主義國家政體的歧視」，美國應在整體國力還沒被超越前，放棄霸權主義與中國大陸合作，方能共同濟弱扶貧；而兩岸方面，筆者認同國會黨「一中兩席」主張，蔡政府理應放棄台獨政策，和平談判才能加入聯合國。綜上論述，和平才是創造多贏局面的王道。

天然獨走向天然統的台灣之路

民進黨雖高舉台獨神主牌，在國會獨大時不修憲，也不敢走獨立公投，「天然獨」未來會因為這個謊言遊戲而勢微。而蔡英文希望中共民主化來造成兩岸和平，您覺得會比武統台灣容易嗎？「天然統」絕對會在兩岸的情勢消長下油然而生，因此兩岸的關係重點在於如何保留台灣的民主與自由。錯過二十年前和談好籌碼的機會，我們不應該再拖，等到中共武統才懊悔國破家亡喪失一切，欲保留台灣的民主自由要盡快和平談判。

民進黨台獨玩假，天然獨勢微

民進黨主張的神主牌「台獨」玩不起來，從兩個現象可以看出。第一，在國會獨大的民進黨，不敢針對統一的內容修憲，不敢走實質獨立。

第二，AIT之前聲明反對喜樂島聯盟的台獨公投，說反對獨立公投是美國長期政策，這明顯會踩到中共的底線。那幾天民視要拔除的董事長郭倍宏，他是台獨運動人士，他的主張便是修改公投方式決定國家認同，並主張「獨立公投、正名入聯」。

台灣能不能實質獨立，絕對不是自己說了算，近年加泰隆尼亞藉由公投宣布獨立便是一個很好的例子，西班牙不但接管自治區政府，主席普吉德蒙被迫逃亡比利時。

您說兩個要玩真的台獨方式為何都被否定？答案很簡單，根本不能走。因此，一開始年輕人會因為選舉語言想要台獨，產生天然獨現象；久而久之天然獨也會因為這個謊言遊戲被戳破而勢微。

中共「民主化自己」還是「武統台灣」比較快？

蔡英文在國安會議喊話，唯有兩岸都民主才能化解分歧。筆者一位朋友分析大陸的民主化能不能像蔣經國先生這樣？答案是很難，因為台灣兩千多萬人，大陸卻有十幾億的人口，不同的人數級數無法直接這樣套用。

蔡對CNN坦白自己的施政不受國人喜愛，要以對中共強硬的態度來爭取認同，這是玩火的態度。當年美國的南北戰爭，名義上是解放黑奴，實質是林肯出兵攻打南方的獨立態度，為了避免國外介入的理由。您說中共要武力統一台灣，是否也可以如法炮製？

中共要民主化，或在兩岸十三倍軍事費用的差異下準備好武統台灣，您說哪一個會比較容易呢？

台灣欲保留民主自由要盡快和平談判

天然統絕對會在兩岸的情勢消長下油然而生，因此，重點應該是怎麼讓台灣保留民主自由。想要保留台灣民主自由，兩岸應該盡快和平談判。

《易經》奉元學會理事長劉君祖認為，假若二十年前就和談，以當時台灣的籌碼，條件絕對比香港、澳門好很多。但或許此刻我們應該想，如果再晚個兩年，台灣的籌碼會是如何呢？有人說和平協議就是喪失主權，這是危言聳聽之言；其實任何協議都不會逾越憲法，拖到武統才會真正地讓台灣失去一切。

既然中共要民主化自己不容易，台獨也不能走，如果台灣人不希望一天天喪失籌碼，應該現在就要積極和平談判。筆者認為目前最務實也可行的，就是國會黨提出來的《兩岸和平協議：一中兩席》方案，這是讓台灣加入聯合國最實質又不踩中共底線的道路。

不抵制一芳！
哥買茶是抵制意識形態治國

一芳水果茶，標榜台灣水果茶，對於平常不買飲料、晚上喝茶睡不著的我是不太買的。那幾天筆者以「抵制意識形態治國」之名，主動跟三位朋友說要請他們喝飲料，於是跑去一芳買了三杯。政府要給人民過好日子，台灣需要有智慧、格局的領導人，不是心中盡是選票，心眼狹隘的仇陸煽動者。抵制意識形態治國，用行動守護抵抗綠色恐怖的一芳。

政客玩政治，百姓無奈苦不堪！

一位網友問：「為何周子瑜是被逼表態，但是一芳卻是中共同路人？」這個問題除了道盡台灣內部的矛盾外，也道盡老百姓生活的無奈。二〇一六年，周子瑜因為演藝生存，公開一個道歉影片，聲明自己是中國人，被綠粉定義為被迫表態。

今日一芳的遭遇就不同了，在微博上因為挺「一國兩制」，被部分仇陸的網友發起抵制；一位國家之首不但沒有體恤人民生活的苦衷，還帶頭發文打壓，筆者感觸很深，這樣的總統是我們要的元首嗎？小英發文的原因只有一個：她從二〇一六上任開始，沒有治國只有選舉，心中沒有人民，只有她連任的選票。

還記得二〇一八年蔡英文出訪友邦時過境美國洛杉磯，一杯「85度C」遭大陸網友抵制，美國媒體稱「蒸發三十六億」，小英感慨這是走味的咖啡；如果她還記得當年這件事，懂老百姓的生活無奈，她就不會在這個時刻落井下石，帶頭做壓制的角色。

小英無法容立場相異的人民

為何說蔡英文是意識形態治國呢？我們可以簡單地反問：「中華民國是個民主的國家嗎？」如果是的話，為何無法尊重彼此的政治信念，而由總統帶頭否定與打壓他人呢？就是因為自己主張台獨、仇陸，所以無法容許不這麼認為的百姓嗎？

小英曾說：「沒人需要為他的認同道歉。」這句話看起來只是針對跟自己立場一樣的人說。因此，只要反對仇陸、希望務實地與大陸和平談判的，都被予以抹紅，然後貼上賣台的標籤。

而英粉們也用台灣人應該支持台灣人、台灣人應該團結等口號，來洗腦網友、恐嚇網友，當起假民主的綠衛兵。這些人心中只有小英可以捍衛台灣主權，但我們看到小英這三年來帶給國家什麼？兩岸對立、意識形態紛擾不斷、人民過著苦日子，這就是我們引以為傲的民主？

政府要給人民過好日子

政府不該拿兩岸的問題來操弄，用衝突對立來抬拉聲量是個自私的作為。國會政黨聯盟主張「要給人民過好日子」，與柯文哲台灣民眾黨「讓人民過好生活」，都是希望政治回到人民身上，不要因為選舉炒作，失去百姓生活的重心。

台灣需要有智慧、格局的領導人，不是心中盡是選票，心眼狹隘的仇陸煽動者。今日不抵制一芳！哥買茶是抵制意識形態治國。

假民主恐令台灣成下一個香港

什麼是真正的民主？選民應該冷靜，學習不用感官的喜惡來投票；而政治人物應該深思權力私欲造成國家毀亡的因果關係。台灣在中華民國的治理一百多年，與香港從英國殖民到一九九七年回歸後由中共治理情況不同，故在情勢上台灣本來就不會成為下一個香港；但台灣的假民主若繼續這樣惡化，如境外勢力胡亂干涉、民粹仇陸煽動青年、上綱民意破壞法治等，台灣是可能淪為香港目前這樣的動亂。我們不樂見台灣成為下一個香港，應提升選民民主素養，讓台灣成為健康的民主國度。

假民主一：境外勢力胡亂干涉

台灣走入香港假民主模式，第一個元素就是境外勢力干涉。前段時間美國指控中國大陸干涉台灣選舉，其實干涉他國選舉的始祖反而是美國；長期以來美國就利用非官方的管道，帶動其他國家境內的友好勢力，起義反對政敵。

一位朋友說，他很納悶為何香港青年會仇視大陸？其實明眼人都看得出來，美國、民進黨背後的介入甚深，您看港運人士黃之鋒來的演講是誰辦的？林飛帆主持，林佳龍的光合基金會幫忙宣傳；民進黨口口聲聲說只關心，其實不然。

近日林鄭正式撤回送中條例，有網友認為應該要落幕了，筆者卻不這麼樂觀，因為只要選舉還沒結束，美國、民進黨就有動機繼續支持裡面的動亂。反過來看台灣，美國不也是一次次地幫助民進黨，為的就是抵制親華勢力，美國搞到最後也是賣軍火的「窮台政策」，您說真的對台灣好嗎？

假民主二：民粹仇陸煽動青年

台灣走入香港假民主模式，第二個元素就是利用民粹仇陸來煽動青年。蔡英文為連任最常犯的假民主，首要就是藉由仇陸的意識形態，來抬拉自己的聲勢；網路上常言民進黨賣「芒果乾」，就是製造恐懼來凝聚民眾支持。

您說如果小英沒有北京，她的執政剩下什麼？民進黨吹捧的經濟變好是真的嗎？天下雜誌近日以主計總處、勞動部與海關的數據得知：「輸出的量提高了，但價格跌得很慘；台灣經濟還可以，不代表企業獲利還可以。」

兩岸交惡下，台灣沒獲得美國好處，反而花更大的資金購買軍備。如果將仇陸的認知、先入為主的民主政體優越感除去，台灣並沒有什麼值得驕傲之處。您要知道，就算大陸的政體不同何罪之有？他們成功地讓三億人脫貧，並建構全球最長與最快的鐵路網；相居為鄰，我們何必選擇交惡？

假民主三：上綱民意破壞法治

除了境外勢力介入、民粹仇陸以外，最可怕的一個元素就是上綱民意破壞法治，因為這個部分對於國家發展的傷害最大。你看香港的亂，見說普通話的人就打，連台灣記者在香港也遭攻擊、潑汽油，就是文明逝去的特徵。

這個美名「人民不服從運動」，實質是無限上綱少數人民意，進行破壞予取予求；而這些要求，通常是背後一些政客帶有的政治目的。您看小英的政策與馬英九多處相似，小英做就是愛台，馬做卻是賣台，其實就是雙重標準，話都是這些人在說。

無論是香港還是台灣的太陽花民運，在破壞之後又要求不能追究責任，那就乾脆不要法治了，因只要夠狠的人都可以當道。筆者玩笑說：「支持小英連任窘理由：若小英下台，太陽花們無官職後又回到街頭鬧事，霸占立法院重演。」

真民主，學習不只是感官好惡投票

網路上一部影片《Why Democracy Doesn't Work ?》（為什麼民主政治行不通？）指出大部分的人都是依靠感官好惡與不完整的資訊在投票，因此選出不可靠的政府。如乘客投票選擇機長，一說會遵守國際航空法，一說可以讓你坐商務艙，結果將選出一個不會駕駛的機長。

如果台灣要擺脫走入像香港一樣的假民主，就必須學習不依賴感官好惡來投票。每件事情除了背後可能有勢力主導、可能有人煽動情緒、可能無限上綱帶動者的主觀意識，如果沒有一個冷靜的頭腦，很容易被這些眼光淺短的政客操弄，造成錯誤的判斷。

用出征讓世界看見台灣？

繼出征WHO幹事長譚德塞後，新加坡總理夫人何晶臉書也被出征灌爆，國內國外只要不支持蔡政府立場的，就會有一群鄉民在網路上出征，可以說讓世界看見台灣了。鄉民的盲目情緒之因在於媒體的風向，讓台灣自取其辱。不管觀光業蕭條、無薪假等民生問題，行政院卻關注華航改名一事，也讓台灣成為國際笑話。台灣加入世衛，一定要拉攏美國與中國大陸對抗嗎？這樣操作未來將演變成一個結果：台灣一心一意想讓世界孤立大陸，卻反被世界孤立。

鄉民盲目之因在於媒體的風向

新加坡總理夫人何晶一個「呃」，引發台灣網友怒火，出征灌爆臉書，但是新加坡對口罩捐贈不領情嗎？若願意追根，當初台灣限制口罩出口，造成新加坡在台灣的產線困境，換作您是當事人，對這贈與就能夠做到欣然接受？

鄉民最大的盲思，原因在媒體的風向。舉個例子來說，《三立》報導：「G7 領袖全怒了，稱 WHO 須打掉重練」，事實上剛好相反，不只 G7 當事國媒體《德國之聲》寫「川普唱獨角戲，G7 各國維護世衛」，英國《衛報》也寫「G7 支持世衛讓川普在視訊會議上被孤立」。您說只看三立新聞不會對世界的認知產生錯覺嗎？

台灣媒體把自己捧上天，越南防疫更成功卻好似失色，國內國外不能對蔡政府有任何批評，只要批評就變成出征對象。但您認為「網友出征的方式讓世界看到台灣」就是加分嗎？誠然，這反而是自取其辱。

不管民生，意識形態更重要？

自取其辱的不只有網友出征，蔡政府的去中化政策，對台灣走入世界不但沒有實質效果，反而適得其反。二〇二〇年四月華航的第四次改名提案，可以算國際間一個很諷刺的笑話。

漫畫家季青一幅很經典的畫，三位救生員不管海裡面要被淹死的群眾（標示「觀光業」、「無薪假」、「受困」字樣），卻看著天上華航班機上CHINA AIRLINE字樣，說「CHINA應改為TAIWAN」、「這個討論很有意義」、「機身應標示台灣」，可以說諷刺政府正事不做盡做意識形態的事。

您說華航如果把CHINA拿掉，會發生什麼事呢？一就是失去大陸所有的航線，將由其他航空公司取代；另一就是華航捨去中華民國國格後，變成台灣省格，自貶位階；世界會因此更看到台灣嗎？沒有。政府只有一件事情成功了，讓人民更仇視中共。

美陸衝突，台灣只能選擇親美？

台灣在加入世衛的議題上，如果蔡政府一意孤行要拉攏美國與陸對抗，雖成功讓人民仇陸，但卻讓台灣的路越走越窄。如今不只兩岸對立越演越烈，也開始得罪愈來愈多的國家。

世界各國不想觸碰兩岸一中的底線，除了中國大陸的經濟實力崛起，還有一個原因，就是各國視其為區域內部的事。聯合國憲章明寫著，兩岸一中應用和平方式解決。任何國家如果想破壞兩岸一中獲取自身利益，還沒成功恐先砸傷自己的腳。

大陸的崛起美國想盡辦法反對，就是因為不想被取代；如今政體相異已經不再是世界各國反對大陸崛起的原因，世界各國將反過來孤立美國，選擇與中國大陸站在一起，貿易戰也是、WHO 也是。親美仇陸未來將演變一個結果：台灣一心一意想讓世界孤立大陸，卻反被世界所孤立。

進美國豬牛並非真正勇敢承擔

賴清德把蔡開放美國豬牛譽為勇敢承擔，筆者有不同的看法；因兩岸矛盾造成戰爭風險俱增，才是刻不容緩的國家課題，面對兩岸矛盾問題才是真正勇敢承擔。親美仇陸是玩火的極端政治，綠粉硬拗更形同法西斯社會。不過，塞翁失馬，國人也可理性冷靜看待此事件，如今蔡開放美豬牛，某天主張統一也不會意外！

親美仇陸是玩火的極端政治

為何筆者認為進美國豬牛不是最勇敢承擔的態度？因會造成這樣的困境，便是親美仇陸的極端政治所致。勇敢的蔡政府更該處理的是兩岸矛盾的問題，不該想避重就輕地完全依賴美國。

為何政府更該處理兩岸矛盾？原因是現在兩岸的矛盾急劇升高，加上美國大選也學台灣操弄仇陸民粹，台灣海峽更容易有戰火風險。共軍在渤海、黃海、東海、南海演習不斷前所未見，蔡英文首度提出擔心兩岸擦槍走火。

蔡英文日前批評馬英九不應該卑躬屈膝（於大陸）換取兩岸和平，但是進美豬牛何嘗不是更卑躬屈膝於美國換取戰火？兩岸年輕一代耳濡目染互相仇視，都想用戰爭來處理兩岸矛盾，一位有勇敢承擔的領導人，何嘗可以任性迴避這個責任？

綠粉硬拗形同法西斯社會

早在二〇一六年民進黨選上時，筆者曾以投書〈美豬來台 政府不該讓農民挫咧等！〉一文，分析與建言政府對農民應有的保護作為。如今蔡英文直接跳過立法院開放美豬牛，網路上的護航奇文不斷，猶如法西斯社會運動。

堪稱國民黨近年來最有看頭文宣，以二十張經典髮夾彎語錄，諷刺民進黨上上下下過去反進美豬牛的態度，在政治惡鬥的台灣見怪不怪。但這次綠粉的反應卻是令人擔憂的，因為他們硬拗的態度令人髮指。

他們為政府辯論的態度全然感受不到價值觀與理性，只要換人做這件事，他們必然罵到翻。這種法西斯現象，對國家短期看似團結，但是長期來看卻是十分危險；因民眾無法理性判斷政府的作為是否正確，只是選邊站護航。

如今開放美豬牛，某天主張統一也不意外！

雖然親美仇陸徒增戰爭風險，而綠粉法西斯現象也亂象叢生，但筆者卻認同賴清德的觀點，國人應理性看待這次進口美豬牛的事件，所謂塞翁失馬，這件事同時也讓台灣未來會有新的可能。

首先要請仇陸的朋友不要過於樂觀，在蔡政府毀了台灣經濟支柱台積電，進了長年朝野沒有共識的美豬牛，如今卑躬屈膝地對待美國，卻可能對中國大陸有更大的經濟依賴，因為美國自始至終沒有真的想解決台灣困境，只是藉由分化兩岸奪取自身利益。

而主張兩岸和平的朋友也不要過於悲觀，只要兩岸不被他國影響，保持克制避免發生戰火，如今民進黨開放美牛，某天主張統一也不意外。因為中國大陸將會成為世界中心，和平自然就是民進黨最符合國人利益的選項。您認為呢？

【阿寶說愛心：和平與禪】

在國際動盪不安的今日，這個世界急切需要和平思想的推動，而和平與禪有著不可分的關係。

其實禪不只是宗教，而是整個天地萬物中，一種具有智慧的生命力量。生物的豐富演化，一個簡單的生命變化為豐富與完美的生命是禪，天地孕育著所有生物也是禪。人從嬰孩到成人成長的過程是禪，人在群體間互相分工與合作、互相圓滿，也是禪。固然，禪用在國際關係上，就是和平。

地球的資源是夠所有生物、含人類所使用，人類狹隘的心使得更多夠用的地球資源被浪費，受害的往往是地球上的弱勢。人若願意屏除自私，將心納及更多的族群，便容易回到自然地慈悲與愛的狀態，便懂得思考怎麼化解分歧，珍惜有限的地球資源，願意互助與合作，這就是禪的精神。

這個世界意識形態的多元豐富，產生誤解與衝突。對於體制上的誤解，成為現今西方民主主義體制與中國大陸社會主義體制兩造的矛盾；若以禪的智慧來化解衝突，便是人類進化的過程，也是和平的展望。

對中國大陸的誤解

「訊息的洪流並沒有讓大家撥雲見日，更多的是讓我們對自己的無知更加自信。我們上網認真閱讀的訊息，都會加強我們的偏見，因為選擇閱讀什麼是我們決定的。」——美國前總統歐巴馬

破

1. 對大陸的厭惡是否也存在偏見？
2. 新聞媒體是否存在價值觀限制？
3. 西方民主是否是唯一良制？
4. 選舉語言是否可能抹黑了大陸？
5. 我願意親身實地去認識大陸？

您可不曾認識的和平

一名美國人的著作提及，自古至今西方所認識的中國（包含兩岸三地），總是用自己的價值觀理解的「中國幻象」。中國大陸制度不同於台灣的西方民主體制，被全世界的誤解愈來愈深，隨著某些領域上開始領先全球後，西方列強對於大陸的崛起戒心是更加防備。

中共最常被世界質疑的問題在人權方面，在香港國安法施行後更被歐美國家所批判，但深入實情後才明白，很多都是對體制的偏見，也難設身處地心比心去體會，筆者稱爲「政體歧視」。

台灣要採中國大陸模式還是西方模式？

蔡政府禁華為算不算是一種意識形態呢？筆者認為，在台灣內部有中國民族主義與台灣民族主義的衝突外，全世界因為中國大陸的崛起也產生治理模式的衝突：中國大陸模式與西方模式。台灣雖施行西方民主政治，卻保有科舉文官體制，也脫離不開與大陸的關係，若深陷兩種層面的意識形態中，將會有台海戰爭的危機；相對地，若願意用理性與務實的態度，在內部跳脫出民族主義意識、在世界跳脫治理模式意識，台灣將會是世界和平的轉機與契機。而我們目前所處的階段，就是一個世界走向和平的轉捩點。

中國大陸模式：相對穩定卻限制自由

在中國大陸的治理模式上，一部 TED 上的演講：「*Eric X. Li: A tale of two political* systems」論述到，中國大陸雖然沒有西方民主的選舉方式，但卻擁有鮮少人認識的大型人力資源引擎舉才，人民藉由公務員、國有企業、社會組織（如大學）三個管道，在經營績效好的狀況之下往上爬升，這也就是「菁英模式」。

當然，西方也評論大陸的模式就是集權不自由，最常被批評的就是香港在中國大陸的一國兩制之下，民主與自由都沒了。

對此，筆者從另一個角度來看。誠然，香港相對於中國內地確實已經算西方模式的民主與自由了，任何媒體上指出香港的不自由，含梁頌恆與游蕙禎宣誓風波事件，都是因為存在顛覆政權與分裂國土的行動所至。在維基解密阿桑奇因為威脅國家信譽而被追殺的狀況下，我們不得不理解，每個國家其實都會為了保護自身利益而使出手段。

西方模式：相對自由卻譁眾取寵

而西方模式的民主自由雖可以暢快地罵領導人、主張分裂國土，但往往被另一個政治力量壓制，而政治玩家們早學會花錢雇用臨演，在反對角度提出訴求。越是熟稔輿論操作的政治蟑螂，只需要浮誇地譁眾取寵，不論政見是否正確或能夠做到，都可以脫穎而出取得勝選。沒有資本就沒影響力，成為西方模式的包袱。

因此，復旦大學中國研究院院長張維為評論美國的西方民主，意識形態過多，於是非西方的國家，如非洲國家，要讓眾多的人民脫離貧困，相對地希望學習另一個模式；大陸模式產生篩選適任的人才來治理，避免了選出單靠媚力而沒能力政客的風險。

要排除意識形態的問題，首要講求專業，只是若政治價值觀凌駕於專業態度時，學術地位將被意識形態所利用。像這次成大教授們站出來力挺蔡政府的禁華為案便是一例，他們並非客觀地拿出華為問題的科學證據，而是單從立場來判斷風險的存在。

台灣在兩者模式平衡世界衝突的轉機

筆者曾多次在演講裡面提到，台灣一方面實施西方民主，另一方面又脫離不了中國大陸，眼前看來是危機衝突，卻又是未來世界和平的轉機。因為，我們只能同時正面看待存在的兩個模式。

當然，兩岸和平的契機稍縱即逝，只要我們深陷西方與大陸的意識形態衝突而無法理性與務實看待，台海便有戰爭衝突的危機。相對地，如果我們可以跳脫出台灣內部的中國民族意識與台灣民族意識、跳脫治理模式的意識形態衝突，那恭喜，台灣絕對比其他地方還能夠更早清楚地認識，這個世界存在可能和平的未來。

台灣目前所處的階段，就是一個世界走向和平的轉捩點。

西藏簽還被打？告訴您仇陸者不曾認識的真相

每次談到兩岸和平協議，總會有人說：「想與大陸簽和平協議，先看看西藏下場。」誠然，不明就裡的仇陸者，不曾認識協議背後的真相，西藏簽的是搞藏獨導致戰敗才簽的投降協議；仇陸者也不曾了解並不是簽協議引起鎮壓，而是源於西康與四川的土地改革問題，引發其地主抗暴，聯合西藏反抗而破壞協議。這篇文章並不是訴求中共的鎮壓與打壓合理化，而是呼籲台灣人應該冷靜地看待局勢，避免過度簡化歷史與標籤對岸，在逆境更要理智判斷，「如何避免戰爭、如何走出兩岸和平」才是台灣唯一該走的下一步。您說不是嗎？

真相一：西藏簽的是藏獨戰敗才簽的投降協議

仇陸者第一個不曾認識的真相，就是西藏與中共簽的是戰敗的投降協議，不是戰前的和平協議。仇恨容易渲染，許多不明事理的仇陸者，把兩岸和平協議曲解為投降協議，是極不負責的言論。

讓我們回顧一下歷史，一九四九年十月，西藏政府把中華民國政府派駐的代表驅逐出去，於同年十一月宣布獨立。一九五〇年，中共的軍隊在鄧小平率領下進攻西藏，俘虜兩千多個西藏人。一九五一年西藏政府，因為敗戰派人與中共求和。因此，西藏在戰敗的狀況下與中共簽的投降協議，並不是戰前的和平協議。對此，國會黨總顧問蔡正元表示，民進黨不想簽和平協議，難道是想像藏獨一樣勇猛，先幹一票戰敗再說？因此，筆者認為民進黨為反而反不顧真相誤導人民，只會斷送兩岸和平可能的機會。

真相二：協議遭破壞源於西康與四川地主聯抗

那麼簽定投降協議之後，解放軍占領西藏又是什麼原因呢？其實問題不在協議帶來鎮壓，而是另有他因：中共推行土地改革的過程中，處理西康與四川的農奴問題引發地土反抗，這是第二個仇陸者不願認識的歷史真相。

達賴喇嘛所統領管轄的三千多間喇嘛廟，不只有西藏，另有西康與四川。喇嘛廟收的地租是收成的六成以上，是個剝削的農奴制度。一開始西藏與中共簽投降協議後，基本上中共是不干涉西藏的內政，但並沒有答應不干涉西康與四川的喇嘛廟。

中共在這兩個地區進行土地改革，不允許佃農受到剝削；也就是發薪水給喇嘛，但是不再讓他們去跟農奴要那麼高的地租，而且允許農奴可以自行離開，可以自行轉業。在這種情形下，四川跟西康地區，很多的喇嘛廟結合了西藏原來的大地主反抗中共，於是破壞了原本簽的投降協議。

當然，中共後來血腥鎮壓手段確實有該檢討的地方，但在我們只是單方面認為中共不可信任的同時，不妨換個角度來看這個事件，就算是民進黨來處理西康與四川的農奴，也不會樂見佃農被喇嘛剝削；當年中華民國在台灣施行三七五減租、耕者有其田，不也是為了幫助難以脫貧的佃農，有機會讓自己的下一代翻身？

如果「西康與四川的土地改革，其地主影響西藏反抗，引發中共進行鎮壓」這麼複雜的過程只歸成「與中共簽的協議不可信任」，豈不是太過草率與盲目？

逆勢更應冷靜地看待怎麼處理

筆者學生時不善於念歷史，如今才發現認識歷史的重要性，明白前人的錯誤可以避免未來重蹈覆轍。現在執政黨只是把對岸貼上不可信任的標籤，執意推動台獨政策，只會造成如今的兩岸局勢對立，產生戰爭的風險，這是身為平民的我們所不樂見的。

您看到目前執政黨的兩岸政策，徒增對立找不到對台灣的未來有任何幫助。台獨絕對不可行，政府應該放棄台獨反過來好好思考，跟大陸談判怎麼讓台灣保有民主自由下與其和平相處。一個負責任的政治家，會認識兩岸和平協議並非讓台灣走向港澳化，反而時間越拖越讓台灣流失談判籌碼，真如國會黨常說的：「It's NOW or NEVER!」現在不把握，未來就沒機會。

撐港，切勿陷入自由主義的集體盲思

網路上覺青認為，香港不能像西方國家一樣施行「禁蒙面法」的理由，竟是中共不是一個自由民主的政權；或言，之前香港特首林鄭對遊行處理不圓滿，導致就算「法」是對的，人民也不相信後面執法的政府。對此爭點，筆者分三個層面來分析：觀感與事實的落差上、民意基礎上、體制上。而這些層面背後有個重要的因素，就是網民體制的不同，導致未曾真正認識中國大陸。因此，筆者主張切勿陷入自由主義的集體盲思，反而應盡快培養兩岸三地的「文化兩棲」，緩解未來可能擴大的衝突。

觀感與事實的落差上

有人認為自由民主國家可施行蒙面法，是因永遠也不用擔心會莫名其妙地被消失，屬受管理的恐懼程度問題。誠然，在「觀感與事實的落差上」，香港對於中共的仇視，跟台灣對中共的反感，有一部分是被「製造出來的假象」。比如這次的送中條例，您可以說是林鄭提出來的，但沒有證據是中共當局所主張，甚至源於港人在台灣犯案而欲立法。

而且，香港問題最可能是有背後的國外勢力介入。有不只一個消息指出，資助這些運動的資金，是來自美國非官方的團體，如果您看過《經濟殺手的告白》就知道，美國向來用這樣的管道與技倆對付政敵。

您如果真的有同時關注正反雙邊新聞就可發現，大部分的遊行民眾屬於和平，相對地港警的做法也確實比較克制，被逮捕還是可依法保釋。因此，對人被中共消失的恐懼，不應該被無限上綱來渲染，這樣只會導致更加衝突與對立的局面；現在台灣的蔡政府，不也是這樣帶動對大陸的懷疑與仇恨，徒升高兩岸衝突，此做法對台灣並不會比較好，時間拖越長越沒有談判籌碼，現在大陸也不在意是誰當家了。

在民意基礎上與體制面上

在「民意基礎上」，有人認為許多港民反對林鄭；但是，事實上也有更多沉默的聲音是支持港警、希望過安定的日子，但這些聲音已經變成敢怒不敢言，因為只要站出來表達支持港警的訴求，就會被反對者當中的暴民視為異己爆打。您說這樣的民意基礎是扎實的嗎？他們對港警與異己的暴力相向，連台灣當年達到百萬人以上的倒扁紅衫軍都不會如此兇狠。

有人說台灣可以把混蛋領導者換下來而香港不行，筆者不這麼認為，因為這是「體制面上」的不同，產生不同的領導者，他們的政治壓力來處、施力點也截然不同。

有一組政治漫畫巧妙地讓人認識體制的差異，同樣孩子跟媽媽說「為何政府做了壞事，卻沒人敢出來說話」，上圖（標示「獨裁」）媽媽跟孩子說「不要亂說會讓國家不開心的話，會被怪叔叔抓走喔。」，下圖（標示「民主」）媽媽跟孩子說「不要亂說會讓大家不開心的話，會被大家公幹喔。」

在台灣，若有一成的人民討厭蔡英文，她會有辦法帶領民進黨與英粉們帶動社會去討厭另外一組候選人（該文刊登時是韓國瑜），才不會是像林鄭這樣老實的公務員樣不善於表達而被罵。

也因此，筆者訴求應該尊重不同的體制，不是見縫插針，隨自己的感覺說話。

綜合以上分析，就是因為香港動亂背景太複雜，台灣人更不應該「選邊站」，無論是站在遊行的民眾或港警的立場，都會失於偏頗，也應該去除「對政體的成見」，才有辦法從務實面看到解決香港問題的解方。

不同體制導致未真正了解大陸

香港的事件與其說是中國大陸的內政，但卻也是中國大陸強勢崛起下，西方民主體制與大陸模式體制衝擊的表徵事件，上述提到的「製造出來假象」有一個很大的成因，就是身為西方民主體制的台灣，並不真正了解大陸。

我們的反對，有時候不能只用自己習慣的自由主義體制模式來評斷，這對大陸來說不公平，也不客觀，同時也是危險的。

為何說危險?因為整個世界不願意了解大陸崛起的事實與背後的原因，然後扣一個極權、壞蛋的大帽子，對之前未強盛的大陸來說，其內部自由主義派的聲量是高的；但對已經強盛的大陸來說，其新一代的年輕人反過來認為政府做的才是對的，並認定外界扭曲了政府，有些人甚至開始仇視外界的批判。

因此筆者主張：撐港可以，但切勿陷入自由主義的集體盲思，兩岸三地要極力培養「文化兩棲」，也就是能夠認識與理解兩種截然不同體制下文化的兩岸公民。這樣的「文化兩棲」自然會一起尋找，在不同的體制下，如何找到更公正客觀、共同的事理規則，以及如何和平相處的模式。

因在這兩個政體模式的衝突上，香港避不了，台灣也不會缺席。

台灣民主危機——速食的淺碟文化

颱風假早上看到一則綠粉專的謬論文，看到這篇貼文時除了感嘆綠粉專可以有如此膚淺的邏輯外，也擔心這樣速食的淺碟文化將害死台灣。綠媒喜歡引用綠粉專鄉民的回應，做出帶風向的新聞，兩者一搭一唱，加上利用NCC不罰自己人的漏洞，可以說創造一個極盡的淺碟文化國度。兩黨政治走上淺碟而錯誤跟風的瓶頸，造成台灣民主的危機；不要以為染上仇恨就是學會獨立思考，善用自由網路更應打開心靈圍牆，才能讓民主危機走出未來大道。

兩黨政治瓶頸——淺碟而錯誤的跟風

綠粉專喜歡用簡單字句圖片每天餵食覺青，只要每天看著看著，就覺得小英的執政理所當然地好。這篇寫「藍營很愛說小英為了選舉聲援香港」，然後竟然反問「國民黨為何不來聲援」，可以說極為膚淺。

既然認為為了選舉不對，還勸別人一起來搞選舉，明顯就是價值觀的謬誤，搞得好像大家要跟著這個錯誤的風向走才是對的一樣。當時國民黨感謝美國售F16，就是一個明顯錯誤的跟風。

兩黨政治的瓶頸，就是因為選舉的淺碟文化，造成錯誤的跟風。也因此，筆者認為要讓像國會政黨聯盟這樣的第三勢力入國會非常地重要，不必像國民黨一樣為了選票，不為選舉說假話、不傻傻跟風，讓國會不被藍綠綁架。

香港運動突顯兩個層面的問題

香港反送中突顯兩個層面的問題，如果不懂思考的選民看了粉專，恐怕就照單全收其中的洗腦效應了。

首先，「香港動亂只是美陸貿易戰的一角」，您看像索羅斯這樣的美國大亨都想趁香港的動亂來干擾中共就知道，其背後的介入目的並不是聲援香港民主這麼單純；這也是小英聲援香港被批判為選舉目的的原因。

既然是為了選舉目的就不是為了解決問題，而是為自己的選票，您說綠粉專這樣扭曲價值有什麼可取？

第二，就是「香港動亂突顯對不同體制尊重的重要性」。現在撐港活動，表面上看似支持香港，其實是反對中共政權。依筆者來看，中共在反送中的事件上表現得極盡克制，幾乎沒有介入，反而是境外的美國、台灣反共政黨都搶著「話燒」，想盡辦法干涉。

香港真正動亂的原因，是年輕人對於中共的仇視，這其實一大部分來自於世界對於大陸體制的不尊重，產生的反射意識形態。這就好像您從小到大聽到某個人很壞，累積一定的成見，當你有天真正遇到他時，你可能對他有很不敬的反應。對大陸的政體，我們可曾理性客觀地去認識，還是都是先入為主的成見呢？

善用自由網路應打開心靈圍牆

小英善用仇陸來拉選情，這是最廉價但也是對國家最不好的民主方式；年輕人染上仇恨之後築起心牆，資訊多方卻單方向地選擇仇陸的思惟，還誤以為自己有獨立思考的能力。除了台灣新聞也應認識別人怎麼看世界，才能走出同溫層，真正認識世界全貌。

台灣的新聞多來自美國觀點，加上Google國際跟著美國政策關起過去多元視角大門，筆者這裡整理一些不同面向的新聞來源給大家參酌，如大陸（人民網國際、新華網國際、環球時報國際新聞、南方周末、觀察者網國際）、英國FT、德國（在線報導）、法國（法廣）、俄羅斯衛星通訊社、新加坡（聯合早報）、韓國（中央日報）、日本（日經中文網）等，以上皆為中文不用擔心語言困擾。

心靈圍牆不能比網路長城還高，真正的自由是不被仇恨局限的智慧，耶穌曾經在十字架上為害他的人禱告便是很好的範例。如果選民都被煽動的意識形態牽著鼻子走，中華民國的國力可以想像就跟著這樣膚淺地走下坡。因此，既然網路自由，身為世界公民可以做的，就是打開心靈的圍牆看世界，讓民主危機走出未來大道。

陳同佳案，選舉國度易忽略的司法公義

陳同佳案，可以說是香港反送中運動的導火線，遣送條例一開始林鄭與蔡政府研商司法互助的起源，就在二〇一九年十月底出現轉折變化：陳同佳在港刑期屆滿，傳將要投案於台審理，造成港台政府間攻防的爭議。陳案的司法主權，台灣優先於香港；但如果台灣不重視司法公義，怎麼說服港人送台？因此，筆者提倡欲培養政治家應先培養宗教胸懷，選民對兩岸立場也應該拒絕政體歧視，選舉國度的司法公義要在意識上改革才能進化。

陳案，台灣的司法主權優先香港

若不論國際法，香港與台灣的司法都是屬地主義，在台灣發生的案件該由台灣審理，香港無管轄權。相對地，若論國際法，司法主權的順序應該是案發地先於受害者國籍，再先於嫌犯者國籍。

雖陳案受害者潘曉穎為香港籍，嫌犯陳同佳為香港籍，案發地卻在台灣，目前所有案發事證也都在台灣（注意：兩個人在案發前交往的過程不算案發事證），因此除非捨棄司法主權，無論看不看國際法，這個案子台灣都具有優先權。

因為台灣與香港間無引渡條約，無法「正式引渡」，香港警方以殺人證據不足僅以洗黑錢罪刑令其服刑，目前已滿二十九個月出獄；要以「事實引渡」也有制度上的缺漏，故牧師管浩鳴鼓勵陳同佳來台投案。

無司法公義，怎麼說服港人送台？

自從二〇一九年三月反送中運動開始，潘曉穎命案就一直是被忽略的導火線，焦點被香港人可能被移送大陸而消失的恐懼放大，蔓延了數個月的香港反對逃犯條例修訂草案運動，一開始和平示威演變成警民衝突。

豈料在十月二十三日嫌犯陳同佳刑滿前夕，傳言陳要主動到台灣自首（但陳被台通緝只能是投案），造成民進黨黨院府兵荒馬亂、前後不一的髮夾彎亂象。政治陰謀論眾說紛紜：為何港府要在這個時候讓陳來台自首？其實台灣人並未注意陳被判刑的過程與時間，所言均是沒依據的臆測與瞎猜。

前立委蔡正元分析民進黨有此自亂陣腳現象，是因為當初反送中案延燒時，蔡政府避而不談港台間曾為了潘曉穎命案進行多次司法互助的研商，並反過來配合西方媒體助長香港反府情緒心虛所致。蔡正元認為一屍兩命還棄屍荒野，這種萬國公罪，執政者履行天道義務，「司法公義就是不能構築罪狀陷害無罪之人、不能罪證確鑿故意縱放罪犯；沒有司法公義，說嘴民主、自由、人權都是垃圾。」

但是，《世界經濟論壇》（簡稱WEF）二〇一七至二〇一八年關於「司法獨立」調查報告，香港分數6.1排名十三，台灣與大陸同樣獲得4.5分，大陸全球排名第四六名，台灣比大陸還輸兩名。台灣的司法常有受到政治介入之疑慮，當台灣人跟著香港起鬨反送中運動時，我們怎麼說服在台發生的命案，罪嫌陳同佳應該送台？

意識改革是選舉國度司法進化之鑰

自一九九六年起，中華民國在台灣實行民選總統選舉已經有二十餘年，在兩岸的體制相異之下，藍綠常以統獨的議題，在大選時爭取選民認同。但是，無論是國民黨還是民進黨當家，都沒有改善兩岸人心漸行漸遠的問題。

大陸會有司法不公事件，是因為國家為了保護自己的政權；台灣的司法不公，何嘗不也是在位者為了維持自己的選票與政權。當年有國民黨的白色恐怖，現在民進黨利用國家機器打壓異己，何嘗不也是綠色恐怖？因此，笑別人司法不公時，選舉國度的台灣更應該虛心檢討，努力於如何讓台灣的司法更進化。

誠然，在選舉國度的台灣，欲培養政治家應先培養宗教胸懷，任何的政黨或政治人物，在為民喉舌時不應因為立場不同就動用關係打壓。筆者也提倡，台灣選民應該拒絕「政體歧視」的總統與立委，兩岸因為陌生與冷漠走入長期對立與衝突。培養宗教胸懷與排除政體歧視都屬於「意識改革」，讓中華民國的司法公義，在世界上隨意識改革而進化。

反紅媒，反對共名卻擁護共質的假民主運動

以核養綠領銜人黃士修對二〇一九年六月二十三日反紅媒造勢點出了兩大諷刺：「對沒收公民投票、縮緊新聞自由的反民主威權視而不見。反的是中國共產黨的名字，卻擁護中國共產黨的本質。」仇恨令人盲目，恐共與仇共成為操弄假民主的廉價手段，短視近利的政客則迷失在擁護的群眾效應上。兩岸在日益緊繃的狀況下，主張和平的卻被貼上紅色標籤，贏的不會是被煽動的選民，輸的反而是台灣共同的未來。

諷刺一：反共卻漠視蔡沒收民主公投

黃國昌與館長在凱道舉辦反紅媒造勢，令許多不仇共的網友感到困惑：如造勢的訴求是反共，對身處的民主不是要更加捍衛與追求？怎麼會漠視執政黨沒收公投的反民主作為呢？

就在反紅媒造勢的前一週，堪稱台灣民主史上的黑暗日；主張二十年公投綁大選施行直接民權的民進黨，在十七日快速地通過修正法案讓公投脫鉤大選。反紅媒造勢最大的諷刺，就是主張反共的名「中共」，對民進黨的反民主作為卻不吭一聲，默許共產的本質「不行使人民直接民主」。

對於此次公投修改案是優化之說，黃士修提出反駁：「原本是半年後合併大選公投，突然改成兩年後脫鉤大選公投，但通過門檻一樣是五〇〇萬的總統級同意票。你知道立委補選的投票率，只有正式選舉的一半嗎？」重點是，延後到二〇二一年就算核四公投有機會在「總統級高門檻」下過了，蔡政府也已將核四燃料棒全數送回美國，這行為豈不是用手段執行自己的政治意識，強暴選民欲行使的直接民權？

諷刺二：反共卻主張限縮新聞自由

此次反紅媒造勢，也令許多不恐共的網友感到困惑：反紅媒的訴求如果是反對假新聞，那綠媒三立、民視、自由時報的假新聞就不算假新聞？如果希望 NCC 制裁中天，為何不能用同樣的標準來要求綠媒？豈不是令獨立機構 NCC 淪為打壓異己的東廠？

請注意，筆者並不支持假新聞，而是無法認同打壓異己限縮不同立場的新聞自由。因此，反紅媒同為最大的諷刺，就是在民主制度的新聞自由上，主張反共的名「中共」，卻擁護共產的特質「限制新聞自由」。

如果執政黨都可以利用NCC打壓與自己政治立場相異的媒體，那NCC倒不如廢掉不要，因為它充其量只是執政者美名管理不法媒體的打手罷了，如今您若支持蔡政府這樣管理，就不要後悔下一個不同立場的政府也亂來。

仇恨成為操弄假民主的廉價手段

黃國昌與館長能夠在二十三日集結這麼多年輕人上凱道，並不是因為追求崇高的民主價值，而是因為短視近利、一己之私操弄對於社會主義中共的仇恨。仇恨令人盲目，如今年輕人為了仇恨漠視政府反民主、反新聞自由的作為，未來假民主也將反噬國家的未來。

現在兩岸的關係，牽扯到美國與中國大陸之間的角力；美國說中共會干涉台灣的選舉，自己卻在做干涉選舉的事，只是手法更高段，更加美化自己行為幫蔡英文打壓異己。台灣一定要在兩個大國之間被當棋子玩嗎？讀者不可不慎。

國會政黨聯盟主張兩岸關係促談避戰，如今也被貼上促統的紅色標籤，這是很無知與不智的態度。恐共、仇共是廉價的選舉手段，選民如果不警醒，將被政客無限消費仇恨；台獨不可行，兩岸卻在仇恨的隔離下無法對談，台灣恐淪為大國惡鬥下最大的輸家。

比起中共，這篇更像「洗腦矇騙」

澳洲的YouTuber訪問陸生的影片，被自由時報形容為「洗腦矇騙」。誠然，自由時報這篇新聞行徑更像洗腦矇騙，怎麼說呢？無法理解別人的體制如何管理，只會吹噓自己國家體制的了不起，事實是真的了不起嗎？或許有讀者會反駁，如果台灣沒民主自由，筆者就不能在媒體刊登這些狹隘、無論證的偏激言論。對此，本文從國父主張的三民主義與法國格言自由、平等、博愛來評析，媒體不該歧視其他政體，反應珍惜自己的政體價值，才能讓國家朝更好的發展進化。

三民主義在台只落實民權

首先，從三民主義包含民族主義、民權主義、民生主義來談。在台灣蔡政府所主張的民族主義是狹隘的台灣主體主義，並不是國父孫中山先生融合各族群這樣格局的民族主義。

您看現今台灣政府所有施政，不能接受台灣人提倡兩岸和平的思惟，並將和平主張者冠上「中共代理人」的罪名，這就是一個狹隘的思想，這樣的民族主義，只會讓台灣分裂並走向衰弱。

而民生主義也根本不被重視，剩下民權主義（民主）掛帥，任何事情只要講到人權，基本上政府的施政就可以含混過去，機場捷運可以蓋二十年就是一個明確的例子。台灣的民主雖可貴，但若只談民主卻讓百姓生活困苦，這有什麼資格嘲笑別人？

心思局限不是真的自由

再者，以法國格言自由、平等、博愛而言，台灣是充滿言論與網路使用上的自由沒錯，但您看台灣報章媒體所散布的資訊就可以知道，台灣人的眼界是狹隘的，一般人鮮少看國際新聞，所以我們的自由被自己的心思限制了，這不是真正的自由。

在香港的事件裡，雖然台灣有關注但受到媒體操弄風向，因為長期受到西方的媒體思想灌輸，所以對中共產生仇視，台人對於中國大陸的認識，都僅限於自由主義同溫層的台灣媒體，並不客觀。

經濟的自由就是資本主義，經濟的平等就是共產主義，中國大陸雖不是像台灣一樣施行自由體制的國度，但百姓在政府的管理下也漸漸地開放，都是為了讓老百姓過好日子，這本來就是體制的進化過程，台灣並沒什麼好驕傲。

尊重取代歧視更能助國力增長

中國大陸的崛起已經是一個無法改變的事實，筆者認為就算台灣人覺得民主與自由可貴，若無視大陸崛起依舊夜郎自大，這是自掘國家衰弱之墳墓；反之，我們更應該珍惜自己所擁有的，與這個隔壁的巨人好好相處。

像自由時報這樣的媒體，恣意地妖魔化中國大陸，反而是一個洗腦矇騙、狹隘與不智的舉動，這樣的資訊除了對不加思考的選民會有加深對中共成見的負面作用，對兩岸的關係更有傷害。

媒體應捨棄當藍綠政黨的應聲蟲，追求發揮第四權的功能，對於政府的狹隘、封閉思想予以提醒與監督，對兩岸持開放與尊重的態度，這樣的方向對國家發展、國力增長才有幫助。

您說是不是？

防疫成功恐為兩岸風暴前的寧靜

這段時間台灣的防疫工作做得很亮眼，基於國人對於防疫工作的覺知，從戴口罩、洗手，大家都很謹慎。但是防疫成功恐為兩岸風暴前的寧靜，由於蔡政府與日俱增地依附美國卻漠視兩岸嫌隙，加上多數媒體捨第四權角色讓兩岸關係雪上加霜。筆者認為，兩岸對立非台灣之福，有為政府也不應對戰事避責；先拋開「政體歧視」，以認識與理解取代堅持故我，給予祝福、彼此交流才是王道。

日益依附美國卻漠視兩岸嫌隙

現在全球的重心都在防疫工作，蔡政府對於歐美與大陸的差別待遇不加掩飾表露於行。武漢包機接回六〇八人，全程穿防護服並普篩，集中檢疫十四天確診一人；紐約包機接回三三六人，免穿防護服並免篩，居家檢疫確診十人。

難怪台北市柯文哲市長感嘆說：「有時候還是秉持專業，不要被政治扭曲掉專業判斷。」這句話點出了台灣社會氛圍的盲思。病毒不會有政治立場，台灣人將仇陸泛政治化將會害死自己。

蔡政府與日俱增地依附美國，卻漠視兩岸愈來愈大的嫌隙，中共現在也懶得說服人民要「友愛同胞」了，仇台的網路言論愈來愈多，尤其是年輕人越是主張用武力解決兩岸衝突。

媒體配合政治正確令兩岸雪上加霜

媒體同時有第四權之稱，彰顯行政、立法、司法以外平衡國家發展的功能。但如果媒體在經濟的險境中求生存，只能配合民意風向報導被視為「政治正確」的消息，形同捨第四權，無法監督政府、也無法發揮制衡偏差的政治風氣了。

如果您有留意，多數媒體依順蔡英文對中共強硬的民意支持，對中國大陸的消息只報怨不報喜。尤其是堪稱官方媒體的中央社帶頭散播對大陸仇視的風向，這是好事嗎？如果媒體對大陸一片謾罵，兩岸會有和平的可能嗎？

舉個令人印象深刻的抗疫新聞，台灣媒體以「後悔捐口罩給中國了！」為標題，描述日本愛知縣豐川市市長希望大陸還回捐贈的四千五百枚口罩；在媒體配合政治正確下，顯少人注意到，大陸無錫高新區得知消息後，向豐川市反向捐贈五萬枚口罩，加倍奉還報恩。

兩岸對立非台灣百姓之福

當然會有讀者認為，如果中共不要打壓台灣加入聯合國，就不會導致大家如此仇視大陸。台灣人沒本錢只在自己的視角生存，如今加上大陸人民仇台的狀況越演越烈，這樣下去只會導致一個結果：戰爭，有為政府不應對戰事避責。

或許您想奚落筆者的結論，認為兩岸不會有戰爭，殊不知還沒有戰爭是兩岸無辜老百姓最後的福氣。筆者必須提醒，美國喜歡打境外戰爭，而任何戰事都是在當事人認為不會發生的情況下發生的。而且，兩岸越是對立對台灣越是不利，兩岸和平才是應該走的道路。

劉溢的一幅油畫《2008—北京》道盡無奈的訊息，美陸較勁台灣卻不在局裡。台灣如果想走出這個大國角力風暴，筆者主張要先拋開「政體歧視」，以認識與理解取代堅持故我；既然大陸有自己特性的社會主義，也走出自己的管理道路，給予祝福彼此交流才是王道。

仇視中共打壓，更不能只看台灣新聞

您也仇視中共的打壓嗎？那您更不能只看台灣新聞，應該走出同溫層的盲思。二〇二〇年五月十八日《外交政策》一篇解析，認為中國無法和平統一的關鍵原因是中共打壓台灣，顯然這不言而喻屬於一廂情願的觀點。想改變中共打壓，其實台灣也有責任；而身分認同的矛盾更源於教課書，顯然政府無法推卸其中的責任和問題。如今台灣陷入美國與中國大陸的新冷戰鬥爭核心，不想變成兩大國之爭的犧牲品，走出同溫層才能自保。

想改變中共打壓，台灣也有責任！

我們可以嘗試反過來看，難道沒有中共的打壓，台灣人就有意願和平統一嗎？相信很多讀者跟筆者一樣認為，全面執政的民進黨連憲法中「國家統一前」的字眼都不願意刪除，原因並不是民意希望統一。誠然，中共不打壓反而加速台獨。

蔡英文在就職典禮點出真正原因：「拒絕一國兩制」，台灣人不想和平統一的真正原因，是因為對中國大陸的制度不放心。但是筆者必須提醒，台灣人對中共不信任的責任並不是只有中共，因為台灣與西方社會一樣「從未真正認識中國大陸」。

一到選舉就無止盡地妖魔化中共，大部分的台灣人其實沒有健康地去認識過他們怎麼管理、怎麼反應民意、怎麼讓經濟成功發展；於是台灣社會產生了一個很特別的「雙標現象」：只要大陸做就是萬惡，台灣做就好棒棒。因此，台灣人如果想要改變中共打壓，確實也負有部分的責任。

身分認同矛盾源自教課書，更顯政府無法避責

《外交政策》此文還有一個盲思，分析近期台人的身分認同急速偏向台灣人更勝中國人，其實真正的根本原因來自年輕學子在教課書上所學的知識。課本膚淺地灌輸學生「中共打壓台灣在國際上的地位」，卻不提及過去的歷史與動機。

一個明智的政府，不應該為了保有自己的政權，利用教課書和輿論來塑造國家的共同敵人，這樣一段時間下來，大家不敢再說出指正偏差的真話。因此，國人是否有健康的世界觀跟教育推行還有理性民主有關，這也凸顯了政府無法迴避的責任。

美國也是步入這樣的民主危機。川普政府將疫情蔓延責任推給中國大陸，前美國駐華大使博卡斯表示：「我們正在重回『麥卡錫主義』時代，也有點像希特勒時期。大家都知道現在發生的事是錯誤的，但他們沒有站出來，沒有說任何話，因為他們感到害怕。」

只看台灣新聞釀同溫層風險

台積電到美國設廠，說白了就是美陸貿易戰後的科技戰，日本當年也曾為全球半導體第一出口國，就讓美國用政治手段扼殺了，這些都是帝國主義的惡行。因此，筆者提醒，「如果您只看台灣新聞，您會覺得美國總是對的。」好萊塢電影淺移默化地讓台灣人習慣於美式思想，習慣站在美式價值來看事情。

您或許也常覺得「至少自己在自由意志下選舉，不像大陸這樣……」，但可惜的是，這個自由民主主義的價值主觀，不見得每次都是正確與可靠的。打破只看台灣新聞的習慣吧！用更開闊的胸懷，接受更多不同視角的新聞來源。您將會發現，地球上的居民想得跟台灣的報章雜誌寫得不太一樣，畢竟，台灣媒體也在同一個視角的同溫層裡。

您也仇視中共的打壓嗎？那您更不能只看台灣新聞，請走出同溫層的盲思。

港版國安法劍指「一國」而非「兩制」

二〇二〇年六月底通過的港版國安法在國際吵得沸沸揚揚，其中主要條目有四：第二十條分裂國家罪、第二十二條顛覆國家政權罪、第二十四條恐怖活動罪、第二十九條勾結外國或者境外勢力危害國家安全罪，歐美介意的不是後面兩條，而是前兩條。但是平心而論，支持人民自由權可以是分裂國家的立基嗎？而顛覆中共政權的立基呢？誠然這是敵我分明而政體歧視造成的偏見。港版國安法目的在捍衛一國而非破壞兩制，台人不應盲從起舞，在安定訴求下給予祝福。

支持自由權可以是分裂國家的立基？

港版國安法通過之後，英國、日本、歐盟十五國等二十七個發達國家在日內瓦發表稱明，表示中國大陸必須重新考慮此法施行，因將威脅到香港自治區的各種自由。但古巴代表五十三個發展中國家也發表聲明，稱不干涉主權國家內部事務是《聯合國憲章》重要原則和國際關係基本準則。

這罕見的聯合國分群聲明，真正背後角力的是中國大陸與美國，顯示兩大國背後各有支持者，也突顯當今全世界最大的矛盾。

身為世界公民，我們應該平心而論，其他國家反對的立基是什麼？因港人的自由權嗎？首先針對第二十條「國家分裂罪」，記憶猶新四年前加州因為不滿意川普當選，吵得要獨立於美國，如果您是美國人不會反對國家分裂嗎？保護國家不分裂，何以成為妖魔化讓人民不自由的理由？

反對陸保護國家政權源於政體歧視

其次第二十二條有些人可能比較難理解，因為「顛覆國家政權罪」對於反陸、反共、反習的人來說，全世界都希望顛覆中共或習近平政權。誠然，這是先入為主、政體歧視造成的偏見。我們來看一看當美國顛覆相異政體的主權後發生什麼事?當美國找不到大規模毀滅性武器仍執意斬首海珊之後,伊拉克的人民有比較好嗎?還是活在更痛苦的動亂當中?固然,北韓金正恩為了防止美國因政體相異故技重施,快速地發展洲際導彈。

中國大陸以社會主義為基礎發展國家,用自己的機制產生領導人習近平,人民過好日子,沒有什麼不妥。習慣用西方選舉方式解決政治問題是我們選擇的道路,別人發展得好應該給予恭喜,發展不好應該給予祝福,不應該要求別人也像自己這麼做。

全球公民應捨棄妖魔化一國兩制

香港在一九九七年從英國治理回歸中國大陸,一切香港的治理都自由,中共只介意一件事,就是港獨。而且美國、英國為主的西方國家,在香港設置辦事處,用各種名義帶動支持作亂,將心比心誰願意接受?台獨也參一腳,十分不智。

美國各州有自己的憲法,也是一國多制,為何雙重標準看待別的國家呢?如果平心而論,此立法就是不讓人吃夠夠,在香港搞中國分裂、扯中共政權後腿。因此,中共實施港版的國安法，實然是捍衛國家安全的「一國」，不是破壞「兩制」。

身為一個全球公民，應該捨棄妖魔化大陸的一國兩制。敵我分明與政體歧視，才是當今世界和平秩序的危害。台人不應盲從起舞，應在安定訴求下給予祝福。

異議者黎智英與韓國瑜的遭遇

「人們為什麼願意相信穿著真實的謊言，而很難接受赤裸裸的真實？」這個問題可以剖析同樣是異議者的黎智英與韓國瑜所受到的不同遭遇，港府的手法顯得粗糙，而台灣政府極盡高招，但人民真的願意認識輿論背後的政府嗎？這兩個案例皆投射美陸角力的縮影，身在兩岸三地的我們，更應審視評估自己的普世價值觀。

港府對付黎智英的手法顯得粗糙

黎智英等十多人在百名警力下遭逮捕，不過不敵黎在法律上的準備，不到兩天時間就被保釋。港府在國安法施行之後，此舉被台灣媒體批為白色恐怖，更在國際上得到破壞新聞自由的惡名，未來任何動作勢必也會被拿出來放大評論。

對港府異議者來說，黎智英不同於民運人士黃之峰、歌手何韻詩等台灣熟悉人物，是因為他屬於媒體大亨。港警大舉搜索與逮捕行動，不但無法立下任何罪行，卻引來反政府的廣泛批評，可以說手法太過粗糙，留下太多話柄。

當筆者看到黎被逮補的新聞，玩笑著港府似乎不怎麼高明，這個打壓異己的高段範本只離香港七一五公里，竟然沒學到。不過，這個玩笑是講心酸的，因這個譽為「範本的治理模式」，實然扭曲了下一代年輕人的政治價值觀。

台灣政府對付韓國瑜極盡手段

讓我們來看看台灣政府對付異議者是如何手段高超，以打韓為例。首先，NCC擅罰異己，將輿論風向控制住；控制九成的媒體黑韓，連韓粉都被媒體攻擊，讓您就算支持韓國瑜也不敢說出來。筆者遇過死忠韓粉，怕被貼標籤不敢表態。

其次，用標案買了網軍來黑韓，當然也包含抹黑韓粉。網軍在社群裡天衣無縫地製造話題與消息，讓媒體可以當作新聞批判韓國瑜與韓粉，連未成年的學生都在學校把韓當作負面題材，可以說極盡手段讓韓國瑜信譽破產。

再來，就是用手段打壓支持韓的團體。只要有表態挺韓的團體，用各政府機關榨乾其資金，課稅、罰款等樣樣來，暨針對性又高額度，讓您敢怒不敢言，默默收回支持態度。您如果真的深入認識，可以明白港府對付異己的手法真的太嫩。

美陸衝突，應審視評估普世價值觀

無論是黎智英受到香港政府的待遇，或是韓國瑜受到台灣政府的待遇，這些政府與異議者的矛盾，都投射美陸角力的縮影。固然，身在這個世代生於兩岸三地的我們，應該審視評估自己的普世價值觀。

首先，就是西方民主治理模式優越感的價值。復旦大學張維為教授曾分析，西方民主模式的三大缺陷：一、選舉要基於理性，但選民只要遇到金錢、網路社群或民粹主義，就會變得不理性；二、人權至上卻不問責任平衡；三、認為民主程序是萬能的，卻無法改變問題。您可以看到，剛好台灣政府正發生這三個缺陷，所以敢用手段的人就會用盡資源壓制異己。

再者，就是長期西方新聞與好萊塢電影洗腦下，美國永遠是對的價值。近日聯合國安理會否決美國提案延期伊朗制裁，突顯美國長期單邊主義造成全世界不再買單。台灣新聞多數充斥著美國價值，台灣人應多看其他來源新聞，以免被賣了還幫對方數鈔票。

政治，就是為了讓人民過好日子，如果我們未曾審慎瞭解自己的價值觀是否有盲點，只會讓偏差的有心人趁虛而入。您說不是嗎？

【阿寶說愛心：禪定救地球】

世界和平，除了認識禪的智慧，學習禪定更可以淨化地球的磁場，禪定救地球。

古語說「相由心生」，面相會因為心裡的狀態改變；然而心卻因為時常想的事物而改變，如每天看烏煙瘴氣的負面新聞，有人因此而患了躁鬱症。

要推動世界和平，首重在人心的轉變。禪定，就是回到一開始嬰孩那般的真善美，也是通往靈性真善美的捷徑，進入無意識的時空，體會靜與定中的安定、無爭，感受無有分別的境地。

也是因為如此，要讓人類進入地球佛國、人間天堂最好的方式，就是讓人人學會禪定。禪定可以保有原來的信仰、種族、國籍，每個人都可以學習，學習如同靈性一樣的純真、至善、完美。

地球目前災難、人禍頻傳，這是人心愈來愈糟的狀況之下，共業所感，如果要改變目前這樣災難的趨勢，必須要改變人心。

如果人類開始意識到這個地球本來是多麼美麗、清淨無汙染，從自己開始學習，追求靈性的真善美，禪定救地球。

強權、勢力與和平。

「上天賦予的生命，
就是要為人類的繁榮和平和幸福而奉獻。」
——日本企業家 松下幸之助

悟

1. 爲民主與自由不惜用軍事壓制？
2. 軍事結盟導致戰爭或得到和平？
3. 大國角力，台灣可避免選邊站？
4. 世界是否存在政體歧視？
5. 聯合國可否扮演推動和平角色？

您可不曾認識的和平

美英日澳等列強以捍衛民主與自由為由軍事結盟，實然源自十九、二十世紀列強把殖民主義帶到世界各地，勢微之後依然對於自己的影響力無法割捨，加上中國大陸崛起改變世界秩序結構，美國將其視為頭號威脅，結合列強在各方面冷戰四起。

川普以禁令封殺圍堵陸企，更放話跟大陸經濟脫勾；美軍結合澳洲、日本、印度等軍演，中共不甘示弱在各海域軍演還試射中程導彈。世界大國角力顯而易見，影響和平穩定。

為權竄改的歷史，還是要清還！

朋友，您是否相信，歷史課本常是國家為了維持政權所樹立下的大內宣。就像英國殖民香港不承認鴉片戰爭，日本殖民台灣輕描淡寫甲午戰爭；而台灣政府為了執政版圖去中，搞得兩岸矛盾加劇。但是造假與竄改的歷史有天還是要清還，何不放寬心去認識中國大陸崛起的事實，好好與大陸相處。您說呢？

殖民——英國於香港與日本於台灣

英國藉著香港問題，提出逐步封鎖華為的禁令，英國人無法正視香港回歸中共統治的最大問題，在於英國的歷史課本不把中國清朝一八四〇年割讓香港的原因視為鴉片戰爭，而稱作是貿易戰爭。於是殖民香港被英國人視為理所當然，還抱以高姿態剖析香港問題。

日本也犯著同樣錯誤，對於兩岸三地的香港問題、台灣問題一直抱有想管事的態度。日本歷史也是對一八九四年的甲午戰爭造成清朝割讓台灣輕描淡寫，所以對於殖民台灣不感到抱歉。

無論是英國之於香港還是日本之於台灣，對念過中國史的人來說都是殖民帝國的態度，被殖民時的香港人與台灣人都是二等公民。如今英國與日本用冠冕堂皇的香港人自由藉口說三道四，讓知道史實原貌的德法、甚至歐盟不這麼認同。

為權——台灣的中國史觀被執政者修改

台灣的歷史課本就很特別了，英國與日本是由於侵略別人故而對歷史竄改與輕描淡寫，台灣的歷史課本卻是因為執政者欲長期執政的野心，刪除跟中國相關的部分，讓兩岸矛盾越加劇烈。

也因此，現在的年輕人被有限的歷史課本挾持住，加上NCC、監察院接二連三成為東廠，媒體們為了生存捨棄第四權的自我期許，漸漸乖順地成為政府的應聲蟲。

就算政府控制了歷史課本與媒體、養了大批的網軍，讓年輕人長期被一言堂洗腦，這些被刪掉或竄改的歷史並非不存在，還被良知學者留下記載。最經典的歷史書，莫過於歷史學者武之璋所著《一甲子迷障：二二八真相解密》，戳破政客為了政治版圖竄改歷史的謊言。

改得了課本但該清還改變不了

無論是英國與日本殖民的心態，還是台灣政客為執政版圖，這些為了權為了利竄改的歷史，該清還的都改變不了。因為真相不是跟著掌權者走，「真的假不了，假的真不了」。

而這些有目的境外勢力對中共指指點點，高舉民主與自由的理想旗幟，手段卻是利用雙重標準、煽動仇恨，影響對歷史所知不甚深入的香港與台灣的年輕人。課本雖可以控制年輕人的思想，卻造就權威民主惡例，亂象叢生敗相四起，這真的是我們要的民主嗎？

殖民世代已經過去，西方民主體制也走到瓶頸，台灣人應該放下體制的傲慢與偏見，好好地認識這位台灣的鄰居：中國大陸。因為世界的中心不再由西方強權所控制，世界將會有新的格局與視野。

政體歧視才是對世界和平秩序的危害

英國前外相杭特指出，民主國家必須團結一致，因應中國大陸武統台灣；誠然，這是西方對體制的沙文主義所造成的預設立場與偏見。台灣人應認識，歐盟何以願意跟大陸展開合作？造成人們用雙重標準來衡量世界、把兩岸逼上戰爭，其背後真正的原因便是政體歧視。捨棄體制優越感吧！一起找到世界和平秩序的可能。

東德出身的梅克爾促成陸歐 G28 峰會

讓我們來看看歐亞大陸發生了什麼事，近期德國總理梅克爾不但表達不去美國參加 G7 的峰會，還在歐洲極力促成歐盟二十七個國家與中國大陸的合作，形成陸歐 G28 峰會。

會促成這場峰會，除了俄國預賣給德國的天然氣受到美國大力阻礙，使梅克爾與川普有摩擦外，出身社會主義的東德也讓她對中國大陸的體制沒有成見。梅克爾出身於物理學領域，對政治作為秉持務實主義而非意識形態。

梅克爾認知美國主導的國際秩序，是販售武器打擊政敵的帝國主義，對歐盟的發展沒有幫助且處處受限；與中國大陸合作的歐盟將會更有發展性。如一帶一路基礎建設中的陸歐班列，大幅減少以往只能空運與海運的物資流通費用。

政體優越感造成雙重標準

現在世界和平秩序最大的阻礙，並非杭特所言中共的社會主義，而是對不同制度的政體歧視。撇開政體成見的不只有德國，法國總統馬克宏也願意跟中國大陸善意互動，讓法國扮演歐盟與大陸展開合作的角色。陸法的合作甚至延伸到幫助非洲面對 COVID-19 疫情，包含防疫物資與醫療技術的提供。

台灣人受到西方民主體制影響而產生的優越感，在許多細節上顯露出來。比如台灣媒體跟著西方媒體笑大陸防疫物資劣等，沒想到是台灣工廠出產的物資；對武漢與歐美回台的人員防疫措施不同，被柯文哲市長與陳佩琪醫師酸病毒沒有這樣歧視。

香港警察維持秩序就是違反人權，美國警察維持秩序就是鎮壓暴民，台灣媒體跟著美國政府同一個視角，無視種族歧視而瞧不起中國大陸。民粹化的民主讓國家發展產生瓶頸，我們的成績真的可以如此驕傲嗎？

台人應捨棄逼兩岸戰爭的政體歧視

中國大陸在兩岸關係上，就是希望統一。在民進黨主政之下，成功地讓台灣人仇視大陸的打壓，不是試圖化解矛盾。蔡英文總統給人民的大方向是，台灣拒絕一國兩制，大陸有天民主化再來談。這個態度就是政體歧視。

除了可以用投票方式選出政治人物與政黨外，台灣政治沒做出可以讓對岸羨慕的成績。媒體膚淺地洗腦台灣人，對岸人民受極權統治很痛苦。這不僅是台灣的同溫層思想，也是政體歧視。

兩岸政府無法溝通，仇陸的南下政策對東協的貿易量卻意外地十年來最低，反而讓台灣對大陸的貿易占比更高。這表示什麼？表示政府仇陸政策只是創造一個集中選票的動機，徒讓兩岸人民矛盾加劇而已。把兩岸逼上戰爭的，何嘗不是這個充滿偏見的政體歧視？

捨棄政體的優越感吧！真正好的政府，不就是讓人民過好日子嗎？一起找到世界和平新秩序的可能。

美英法攻打敘 實為威信換取霸權

您會相信擺拍出來的影片嗎？美英法卻用「白頭盔」所提供擺拍出來的化武影片，作為攻擊敘利亞的理由。網友漸漸地對於表面亮麗的好萊塢式正義不領情，還整理出一系列敘利亞這幾年來化武襲擊的規律，諷刺西方媒體包裝的正義假象。而敘利亞代表於聯合國的演講上，更點名美國妖化他國是為了保護自身地位。誠然，調查未明就動武攻擊，是用威信換取霸權，未來導正世界秩序的代價將更高。

網友不領情的好萊塢式正義

二〇一八年四月七日，媒體報導敘利亞反抗軍疑似被化武攻擊約有七〇人死亡，川普以正義的化身嗆聲，敘利亞政府軍和背後支持的俄羅斯、伊朗須付出代價，西方各國也相接著譴責化武的攻擊。隨後十四日，美英法空襲這些存有化武可能性的研究大樓。

總部位於英國倫敦的國際特赦組織，其台灣分會配合演出用臉書廣告請求網友捐款，聲明幫助持續施壓敘利亞及俄羅斯政府，這看起來「壞人很壞而好人應得到最後勝利」的好萊塢式正義，網友不領情回應著：「幫美國漂白的團體」、「就要找個藉口推翻別人政權」。確實，在台灣習以為常的西方來源新聞，不知道這個包裝亮麗的攻擊背後，有著醜陋的謊言。

網路也流傳一則與西方媒體不同的聲音：〈敘利亞化學武器襲擊的規律〉，諷刺充滿疑點的美英法報復攻擊：如美軍想撤或敘利亞政府要贏時，就搞一次化武襲擊；每次化武攻擊，都專門用來殺平民與溫和反對派；每次調查都不了了之，幾張照片或幾段視頻西方媒體立刻公認是阿薩德幹的；每次照片或視頻中，都無一人身穿防護服裝與任何消毒設備；每次消息都來源於由英國特工一手發起、組建和領導的「白頭盔」組織。網友解釋這個規律充滿謊言，「就像狼要吃小羊一樣只講肌肉不講道理」。

多個消息呼應敘賈法里在聯合國道出的真相

在美英法攻擊的前一天，敘利亞代表巴沙爾・賈法里（*Bashar al-Jaafari*）於聯合國發表演講，指出美國對敘利亞攻擊的真相，要點如下：

一、美國指控的化武襲擊缺乏證據，美方甚至內部都自相矛盾。

二、美國和盟友一道在聯合國編造的謊言，實際上擾亂和破壞了國際規則。如敘曾向聯合國安理會遞交一百多封信警告敘利亞的恐怖組織掌握化學武器，但沒有收到任何回應，而如今疑似化武襲擊發生時，美國卻不分青紅皂白，把黑鍋都推到了敘利亞政府頭上。

三、美國利用西方媒體的影響力和公信力妖魔化他國，實則是保護自身的霸權地位。

賈法里所說的第一點不僅呼應上述網友整理的「規律」，也並不是沒有其他證據的，除了瑞典醫生人權組織（SWEDHR）發布了一份報告，專業分析影片是擺拍出來的；敘利亞軍方發現了「白頭盔」拍攝假化武襲擊的拍攝地點；俄記者更採訪到造假視頻中的小男孩，現身講述「白頭盔」用食物換取拍攝的過程。

用威信換取霸權　將付出更多代價

至於西方批評的阿薩德政權獨裁，筆者朋友陳述一段客觀的看法：「只從人權角度去解讀會出現很多問題，事實上反對敘利亞政府的伊斯蘭極端組織，對待人權更加糟糕，西方媒體卻很少報導，這是選擇性報導。如果阿薩德政府確實是西方所說的那樣十惡不赦，為何反對派在十年時間沒有任何作為，將獨裁者推翻。」

確實，敘利亞還是有很多民眾支持阿薩德，只是西方通常都單方面地批判，並用軍事武力處理調查沒有明朗的化武事件。

川普所主導的化武報復行動，要不是盲目地被錯誤的情報給誤導，就是被西方長期主導世界的傲慢給自我蒙蔽，然而實為用原來已讓世界各國信賴的威信，換取維持美國自身的霸權地位。只是，當這些嘗試錯誤引導西方國家的假消息一一被揭露後，導正世界秩序將會付出更多的代價。

從台薩斷交、美陸貿易戰看國家保護主義將成過去式！

蔡英文上任兩年，斷了第五個邦交國，台薩斷交宣示著邦交國選邊站的美陸角力開始；美陸貿易戰中，選邊站無法自保，許多國家無辜的人民遭受恐慌與飢餓。這些世界的亂象，都源於過時的國家保護主義，而時間不會站在美國、中國大陸或某個大國這邊，會站在慈悲的世界領袖身上，走向世界無國界的國際穩定趨勢。國家保護主義將留在博物館及書本中，成為過去式的價值。

國家選邊站成為美陸角力的工具

觀察這次中華民國（台灣）與薩爾瓦多斷交後美國的反應，就可以感覺這次與前四次不太相同，美參議員提出，薩爾瓦多事件幾乎就是把手伸進去美國後院，並擬提案要求美國的航空改為「台灣台北」。中共外交部也不甘示弱，回嗆美國自己就在三十九年前與中國大陸建交，現在卻阻止別人做正確的決定。

台灣如果親美，中國大陸就會跳腳；台灣如果親陸（中國大陸），美國就會防備不已；愈來愈多人認為，台灣將成為美國與中國大陸的談判籌碼。台灣邦交國剩下十七個，如今成為美陸的新戰場。

從歷史的角度看，選邊站如今成為大國角力的工具，世界動亂的起源。

貿易戰如新冷戰釀全球災難

不僅台灣邦交國是美國與中國大陸的戰場，今日的貿易戰可以說是以美陸為主延伸全世界的新冷戰。中國大陸因為貿易戰，二〇一八年的 GDP 預計下降 0.2%，二〇一九年將下滑 0.3%，預計造成失業和生計損失。對於美國，經濟學家達克（Greg Daco）表示，間接影響可能比較大，企業會延後投資計畫，股市變得保守，並減少美國人的消費能力。

其他國家選邊站不見得能保護到自己，貿易戰在半年來許多國家遭受影響，如委內瑞拉加薪六十倍亂象、土耳其與南非貨幣危機等。台灣在美國與中國大陸的角力下，積體電路（IC）占出口近三成的現況必會有所影響，《天下雜誌》也整理出包含台灣因全球價值鏈高受影響的國家，如盧森堡、捷克、南韓、新加坡、馬來西亞等都在列。

這場美國為了避免中國大陸崛起而打的貿易戰，沒有人會是贏家，反而造成更多無辜人民的恐慌與飢餓。

時間將證實國家保護主義成為落伍的價值

川普入主白宮向來是主張保護主義的，這樣的價值與作風頂多帶領一個國家的「美國優先」，但無法帶領全世界改變一切。張宮熊教授說得對極了：「美國發動貿易戰爭四處樹敵，反觀中國自一帶一路起廣結善緣四海皆兄弟。中美的國際盟友關係高下立判！」川普主導的貿易戰在一開始或許看起來是贏家，時間會證實美國是最大的輸家。

相對於川普，德國總理梅克爾本著國際主義，在近年歐洲爆發難民危機的時候，力主安頓這些難民。當然，國內的保護主義者持續批判著她，一廂情願地收留難民也不會是全球治理的最終解。不過，如果您有關注到劉曉波之妻劉霞被釋放的消息，沒有人可以像梅克爾這樣的勇氣敢向中共要求放人，時間終會站在像梅克爾這樣慈悲的領導人一方。

中國大陸雖為了穩固自身的政權在人權處理上有爭議，但西方式的民主制度在資本主義的挾持下，遠離了人民真正的需求，民粹氾濫下更讓經濟建設停滯。無論如何，中國大陸的崛起證實了：以往大家只比較誰是「民主」誰是「集權」，現在改為比較誰是「良制」誰是「劣制」，能夠讓百姓安居樂業的制度，才是王道。馬來西亞解約中資鐵路的事件並不會讓一帶一路停止，中共必會修正各國對新殖民疑慮的自我保護因素後，讓制度更符合世界需求再次往前行。

綜上所述，時間不會站在美國、中國大陸或某個大國這裡，而是會淘汰自身優先的國家保護主義，走向世界無國界的國際穩定趨勢。國家保護主義將留在博物館與書本中，成為過去式的價值。

美排陸計畫是正義抑或阿瑞斯上身？

川普打算邀請澳洲、印度、南韓和俄羅斯參加下一次G7峰會，擴大的計畫馬上被俄潑冷水，因為沒有中國大陸將沒有實質的意義。美排陸計畫會是正義還是阿瑞斯上身呢？阿瑞斯是古希臘神話中的戰神，力量與權力的象徵，嗜殺、血腥、人類禍災的化身；如果您不曾雙重標準，這個答案不言而喻。然而，美國若一昧地自私，只會換得更多獨角戲；捨棄本位的單邊主義，重拾正義才能改變自身危機。

美對陸冷戰的下一步：搞退群拉新群

美國與中國大陸在上一個階段的貿易戰，希望藉由高關稅來抬拉自己的貿易優勢，沒想到錢不但沒回到美國，反而讓自己企業經營碰壁。尤其是新冠肺炎下造成的經濟衝擊，讓美國經濟雪上加霜。

川普對世界衛生組織WHO的指責是沒有具體事實的，如果您看過《薩利機長：哈德遜奇蹟》您就會理解，任何突發危機都需要判定與決斷的時間。美國退WHO，充其量只是為了把疫情控制不善的責任，甩鍋推責給中國大陸。

川普打算邀請澳印韓俄參加下一次G7峰會，馬上被解讀為「反中（陸）聯盟」，美排陸計畫會是正義還是阿瑞斯上身呢？如果您還沒有因先入為主的仇陸價值而政體歧視，您會認為這是對全球沒有益處的分裂主義。

自私反更令美國唱獨角戲

G7即七大工業國組織，美國、德國、日本、法國、英國、加拿大和義大利等已開發國家，每年召開首腦峰會商討國際社會面臨之主要政治和經濟問題。俄羅斯曾於一九九一加入G7，但因二〇一四年克里米亞危機被凍結會籍。

這次川普再次極力邀請俄回到G7，沒想到馬上被俄方潑冷水，直言「擴大七國集團峰會從原則上說是在朝著正確的方向發展，但是並不能提供真正的普遍代表性。特別是如果沒有大陸的參與，未必能實現具有全球意義的嚴肅創舉。」

顯然地，如果川普一心只是不希望美國被崛起的中國大陸取代，私心不是為了解決全球課題，必然被孤立於世界。日前台灣媒體說G7領袖齊罵WHO一事無成其實悖離事實，真相卻是川普在G7視訊會議上唱獨角戲。

美國重拾正義才能改變自身危機

新加坡總理李顯龍說得好，大多亞洲國家的經濟都和陸美兩國緊密相連，不願意在兩國之間選邊站，而陸美的戰略決定將塑造嶄新的國際秩序。大陸與美國在疫情當前應該放下分歧，共同合作建立一個穩定和平的國際秩序。

最近美國境內的暴動，賴岳謙教授嚴厲地譴責，美國境內存在長年嚴重的有色人種種族歧視，賴並直言歐美人權團體與媒體的漠視。他們無法用關注香港抗議的客觀立場批判，是因為雙重標準失去了良知，變成粉飾帝國侵略、抹黑政敵的工具。

川普處理國內抗議問題的態度，確實也彰顯了對付大陸同樣的歧視心思與強硬手段，很多台灣人被包裝下的媒體蒙蔽，被誤導以為在美國境內抗議的是暴民、大陸則是極權欺壓百姓。誠然，紙包不住真相，美國應該懸崖勒馬，放下國家至上本位的單邊主義，重拾真正的正義，才能改變自身危機，救回每況愈下的國力。

美國何以難撼動大陸的世界工廠地位？

川普為求連任，「反陸牌」打得又狠又快，除了邀集日澳印聯合軍演，又計畫撼動大陸的世界工廠地位。但此計畫不容易奏效，原因除了大陸成功脫貧外，產量也是品質持續進化的主因。誠然，大陸無意輸出治理模式，台灣不用跟著應聲反陸，兩岸和平將可再造台灣經濟奇蹟的榮景。

大陸成功脫貧導致難以取代

蓬佩奧稱聲要讓印度取代中國大陸的世界工廠地位，但這個計畫並不容易。印度難以取代大陸，就是因為中國大陸的脫貧計畫成功；習近平雖被西方詬病極權，管理實然一體兩面，但努力管制下脫貧計畫確實有顯著成果。

一個分析數據顯示，一九八一年全世界近一半的人處於貧困，二〇一二年原貧困的二十億人口降為十二億，其中大陸占了六・八億，印度占一・七五億，全球脫貧的主力在於中國大陸。印度現今的窮人比例相對於大陸高很多，工廠所製作出來的東西品質也有所差異。

不過，當然會有人認為大陸脫貧的成果是包裝出來的政治秀，筆者相信包裝是有的，但是並非完全沒有成果。中共主導的脫貧將讓百姓的知識水準提高，也會讓工廠產品的品質更好，這也是為何世界各地的產業會被比下去的原因。

產量成為品質持續提升的主因

美國想用聯合戰略圍堵大陸的崛起，這也不容易。雖然政治力可以干預企業發展，比如要求台積電不能賣零件給華為，不過每個國家都有經濟需求跟大陸合作，並不是全世界都願意站在美國陣線，像英國一樣跟中國大陸劃清界線。

或許有人也會說，越南工廠的品質可能會超越中國大陸，這亦不容易。因為量會成為品質是否持續提升的主因。舉個例子，以往台灣的電梯鋼板被要求不能使用大陸來源的，但現在大陸來的鋼材不只品質好，價格又更便宜，您說產業怎麼有辦法跟他們比呢？

美國一心一意想要讓世界各國結盟，圍堵中國大陸，但商人很現實地找便宜的來買，找能消費的賣；再怎麼運用政治力，還是無法取代中國大陸崛起的現實。

如果中共治理好，憑甚麼改變？

現在美國圍堵中國大陸的計畫，主要的理由就是想改變中共的體制，筆者認為這是誤解與無知。一位美國人詹姆斯在《中國幻象》一書中指出，大部分的人都不了解中國大陸，用刻板印象在批判與攻擊大陸的治理，但是誰能真正理性地去認識她？

就像新疆最被媒體批判的是這裡的人被教育營苦毒，卻未曾了解新疆之前恐怖攻擊傷害無辜百姓，以及管理後的治安讓百姓得以受到安全的好處。妖魔化讓人以為大陸人民身陷煉獄，但事實剛好相反，這次美陸互關大使館事件，成都的美國大使館被關時，大陸民眾叫好的反應，更顯得中共的治理愈來愈受到人民支持。

誠然，大陸無意輸出治理模式，我們如果對自由民主有信心，應該以更開放的胸懷來交流彼此。身在中國大陸的鄰居，暨同文又同種，要不是政客從中操作民族情節，台灣比世界各地更有優勢可以與大陸合作，站在巨人的肩膀上，再次創造台灣的經濟奇蹟。

大陸強盛或將超美國，台灣福禍存乎一念

美國二〇二〇年大選，川普打經濟牌無效，開始大打反陸牌，讓中國大陸成為代罪羔羊。誠然，大陸的強盛或許終究有天會超越美國，但並非是主動想取代或挑戰美國，而另有主因：一是美國輸出大量武器造惡，二是大陸承擔起大國之責種善。介於兩大國之爭的台灣要在這時間繼續向美國靠攏，無疑是沒好處且惹一身腥，更有台海戰爭風險；當局者為選舉當有限度，福禍存乎一念不可不慎。

美軍火輸出必將招致災難

聖經曾記錄　耶穌的一句名言：「凡動刀的，必死在刀下。」此話呼應了佛教的因果觀，也闡述種瓜得瓜、種豆得豆不變的真理。會讓中國大陸強盛於美國的第一因，就是美國大量

輸出軍火，軍火輸出必將招致災難。

瑞典二〇一九年一份研究報告指出：全球最大的軍火出口國前兩名，美俄之間的差距在拉大，在二〇〇九－二〇一三年，美國僅比俄羅斯超出百分之十二，到了二〇一四－二〇一八年，美國就比俄超出整整百分之七十五。換句話說，美國軍火輸出在全世界占比愈來愈大。

美國輸出武器是為了維護世界和平嗎？我們都清楚知道，以戰制戰終無和平的可能。美國喜在他國領土出兵更是惡質，尤其是美國出兵伊拉克後，臆測政敵危害已經出師無名，出戰的名義在聯合國中也愈來愈站不住腳。

中國大陸抗疫送暖承擔大國之責

相對地，在全球新冠病毒還在肆虐的當時，中國大陸在歷經封城危機後重新站起，以社會主義形態建起大量醫療工廠，向世界各國輸出物資，並與法國　同協助非洲的醫療困境。會讓大陸強盛於美國第二因，就是開始扛起大國之責。

或許有人批判中共隱瞞病毒造成全球危機，有人批輸出物資是中共大外宣，這些臆測、立場與偏見，都不能掩蓋中國大陸實質對世界的貢獻。

或許有人質疑中國大陸在世界各地做一帶一路是殖民手段，誠然，相對於以往歐洲、日本把當地當次等公民的殖民主義，大陸推動基礎建設更加人道與正面。今（二〇二〇）年六月中習近平因應全球疫情提出免除非洲今年到期的無息債務，並呼籲G20也跟進，便是扛起大國責任的展現。

美危機感拉攏台，福禍存乎政府一念之間

美國國務卿蓬佩奧最近動作頻頻，一方面邀請日本、澳洲、印度參加軍演，一方面將台灣問題拉至檯面，被學者指為美國壓制中國大陸的手段。中共外長王毅提出善意，指出中國大陸無意輸出施政模式，亦無意取代或挑戰美國。

筆者認為，政體差異問題並非是兩岸真正的問題；真正兩岸的問題，是兩個原因造就意識形態下的政體歧視：一為選舉制度下，一次次民粹的妖魔化中共造成累積的誤解；二為舊

帝國主義無法放下主導世界的依戀，所以拉攏處於矛盾關係的台灣來對付中國大陸。

就在中國大陸崛起、美國危機感拉攏台灣之勢，讓台獨分子十分興奮，但台灣靠攏美國就能爭取到台獨的門票，或只是虛晃台獨一招卻釀台海成為戰場的禍害，就要看政府是否有智慧去拿捏了。

【阿寶說愛心：百億郵輪願景之行】

曾經有位朋友問阿寶：「出書對於和平的推動有效嗎？」誠然，千里之行始於足下，想太多的人是不會開始的；若真有推動的理想，可以找出自己認為最有效的方法，當下去執行。

百億郵輪，一艘郵輪能乘載百億人，這樣的願景，就是世界和平的藍圖。阿寶愛心獨賣在上一本書提到心量與願景，這本書希望重點是在行動上。理想的推動，不可能都是順利的，失敗過程中的遺憾，是為了讓我們證明自己多想去完成這個理想。遺憾是阻礙或是成功的養分，端看自己多想去達成。

世界和平在現今的社會不是主流，原因在於每個人價值觀不同，所以產生世界和平的圖像不同。就像今日中國大陸的崛起，不僅讓西方國家在世界主導上感到威脅，也在體制價值上有其大的矛盾與衝突。

台灣在今日的世界成為兩大體制的衝突點，讓台灣人不得不面對，一方面考驗領導人的智慧，一方面危機就是轉機，台灣人比其他人更容易成為洞見世界和平契機的先行者。短視近利或心有大志，就在一念之間。

兩岸和平
有解方

「地球本是大家庭，大大小小一家親，
心性相通無罣礙，你來我往多自在。」
——悟覺妙天禪師

道

1. 兩岸和平只有大陸民主化一途？
2. 中共放棄武統才有和平可談？
3. 歷史去中可以迴避兩岸問題？
4. 不同體制是否可能和平共處？
5. 和平的方式太理想故難實踐？

您可不曾認識的和平

聯合國憲章敘明兩岸問題需要和平解決，兩岸存在分治的事實已經七十年，在台灣的歷史課本去中化之後，兩岸身分認同產生矛盾，造成今日升高的緊張局勢。台獨不可行，中華民國的存在卻可以為兩岸帶來真正的和平。

兩岸的政治領袖，必須要放下彼此成見才能避免戰爭風險，以超然智慧才能帶來和平與安定。一中兩席、一中三憲等，許多專家已經研議怎麼保有兩岸原有體制，並讓兩岸和平相處；方法不是真正的問題，問題在彼此的心。

中華民國的存在能為兩岸帶來和平

中華民國建國至今已經一〇九年，因為國共內戰、中華人民共和國成立後，目前中國形成兩岸分治的局面，但是鮮少人理解中華民國的存在能為兩岸帶來和平。本文希望從大陸人民、台灣人民，還有西方國家的角度切入分析，中華民國的存在應該被重視與理解，兩岸的和平對話始成為理性的可能。

大陸視中華民國滅亡成壓迫之因

大陸的人民應該認識中華民國一〇九年的存在事實，雖中共目前在聯合國具有中國代表權，但不表示中華民國已滅亡。注意，筆者並非像前總統李登輝般主張兩國論而支持台獨，而是主張在七〇年前中華人民共和國成立後，中國存在兩個政治實體分治兩岸的事實。

為何大陸人民認識中華民國的存在，對兩岸和平是有助益的呢？首先，雖大陸強盛不代表台灣應屬於其下；其次，台灣的民主雖仍不成熟，但習慣的政治形態應被大陸尊重與肯定。

第三，雖大陸軍事力量強過台灣，但兩岸一旦發生戰爭一定是兩敗俱傷。如果大陸人民對國家的強盛有信心，更要尊重兩岸分治的事實；讓台灣人看到台灣政客與西方媒體構築的政體歧視假象，開始接受兩岸同屬一個中國，展開和平對話的可能。

台灣去中化史觀加劇矛盾仇恨

李登輝的去世，功與過議論紛紛；誠然，雖李最大的功在於推動民主深化，但最大的過在於推動歷史課本去「中華民國」化。也是因史觀的導向，讓年輕人否定身上從中華民族留下的血脈與基因，並將大陸推動統一之舉仇視為打壓。

在蔣經國的年代，台灣人亦是中國人的觀念屬常態，如今台灣年輕人因去中化史觀，不再認為自己是中國人。加上大陸經濟強勢崛起，美國為主的西方列強對中共偏見，以捍衛自由民主之名，拉攏台灣加劇兩岸的矛盾。

台灣不該陷入民粹主義而「遇中則反」，歷史課本也不該只是鞏固政治版圖的大內宣，更應使國人健全認識國家發展。其實台灣的憲法依然包含大陸地區與自由地區，只要歷史課本重回正軌，讓年輕人充分認識中華民國的過去，也可以正面認識兩岸分治的起源，兩岸的和平指日可待。

西方助長台獨實推兩岸進入戰火

西方總以捍衛自由民主之名，鼓吹台灣獨立而淡化「中華民國」，復旦大學中國研究院院長張維為在一場精采的網路辯論上，提醒兩岸憲法都主張統一，國際學者們應該對區域政治謹言慎行，鼓吹獨立將引起諸多地區的戰事。

聯合國憲章鼓勵區域用和平的方式解決矛盾與衝突，這些鼓動台獨、兩岸分裂的國家，可以說別人戰爭死不了自己所以不必理性看待，不然就是對於中共治理模式的誤解與偏見，或大陸崛起讓西方的領導地位被取代而感到恐懼。

說到治理模式，張維為教授對於中國大陸崛起提出分析，西方民主只有選舉，而中國大陸的模式吸取西方模式優點，結合選拔與選舉，所以更加選賢與能。西方何不放下政體歧視，尊重兩岸同屬於一中，以中華民國、中華人民共和國暫時分治兩岸下，鼓勵和平對話。

增進和平，兩岸問題應這樣解！

二〇一九年元月二日，習近平《告台灣同胞書》引來熱議，到底兩岸的和平該怎麼解呢？筆者提出三個解：第一，應該認清藍綠的選票政策無法為兩岸帶來和平；第二，就是不要期待美援，更要避免兩岸的戰爭；第三，台灣應該選出願意提出改善兩岸關係政策的執政團隊。時間拖越久對台灣來說只會越處於弱勢，愈來愈沒有籌碼可以談，摒除異議才能走向兩岸和平的未來。

解一、認清藍綠的選票政策無法為兩岸帶來和平

習近平的《告台灣同胞書》一席話，蔡英文立刻親上火線回應「未接受一國兩制、九二共識」，您認為蔡應該贏得全民的喝采嗎？不，這樣不會變通的態度再次把兩岸關係推向火

坑。民進黨長期把台獨當作選票的基本盤，對兩岸關係唯一的建樹就是對立。

別以為若二〇二〇藍重新執政可以為兩岸帶來和平，回憶過去馬英九執政，在選票考量下的政策：「不統、不獨、不武」，這選票政策箝制了兩岸的關係，讓兩岸越走越遠。

兩岸問題第一個解，就是認清藍綠的選票政策無法為兩岸帶來和平。無論是藍或綠，都讓兩岸民心越走越遠，這樣的情況下持續下去，只有一個可能，就是戰爭。

解二、無法期待美援，更要避免戰爭！

如果您認為兩岸真的戰爭起來，美國、日本一定會為台灣而出兵。噢，這在十年前或許還可能，但以目前大陸的軍力日增，足以對航母殺傷的中遠程導彈研發、引進俄國 S-400 地對空飛彈，加上航母一艘艘地建、福建擴建軍機場等，被外力介入的可能性大幅降低。相對地美國全球角力瞻前顧後，除了經濟面退出「跨太平洋夥伴協定」（TPP），撤軍敘利亞絕對是也川普盤算過的美國自身利益。

雖然美國跟大陸的貿易戰正火熱著，但比起台灣對於中共的核心價值，美國絕對不會冒然因為兩岸戰爭而出兵與大陸硬幹起來。您認為台灣不會是下一個美國放棄的敘利亞嗎？

兩岸問題第二個解，就是不要期待美援，更要避免兩岸的戰爭。您不要聽那支持戰爭的民意聲量，那些鄉民要不是住在國外，不然就是還沒當過兵的年輕人，他們只是單方面價值觀考量從未考慮戰爭的後果；而那些煽風點火的外國媒體更不要信，因戰爭對兩岸都是大傷，這些幸災樂禍的人充其量不懷好心而且期待漁翁得利。

解三、選出願意提出改善兩岸關係政策的執政團隊

台灣在能源問題、兩岸問題等諸多問題上，都顯示民意導向成為台灣民主的政治難題；英國有類似的窘境，英國按公投民意脫歐後經濟蕭條，開始反脫歐的民意高漲，問題是怎麼讓英國與歐洲分開後再次重來？

世界上有些偉大的政治家，在國人迷失的時候選擇排除眾議說服大家，最著名的例子莫過於南非前總統曼德拉。當時南非黑人因受到白人的長期殖民統治，心懷仇視，曼德拉不但

沒順著民意反而引導大家一起支持球隊，並建立黑白人共治的國度。

兩岸問題第三個也是要增進兩岸和平最重要的解方，便是選出對的執政團隊。這個團隊必須不被選舉考量障礙，願意為兩岸關係增進和平，提出具體改善政策。

我們必須認清一個現實：時間拖越久對台灣來說只會越處於弱勢，無論是經濟還是軍事來說，愈來愈沒有籌碼可以談，摒除異議才能走向兩岸和平的未來。台灣需要扭轉反共意識的政治領袖，帶著台灣往兩岸和平。或許一國兩制不可行，但張亞中教授提過一中三憲，或美國智庫所提一中兩府，何嘗不都是一個思考的方向？兩岸需要務實解套、頻繁交流、增進理解，取代隔空交火的對立，這也是兩岸共同值得努力的方向。

新冠肺炎加劇「逆全球化」，如何增強國際治理能力？

（共同作者 張宗傑[1]）

近年來美國在川普揮軍的貿易戰下，為了經濟不受衝擊，各國保護主義盛行；而新冠肺炎蔓延，各國為了自保，加劇了「逆全球化」思潮。筆者肯定政府近來在防疫上的表現，但防疫成功並不代表台灣社會資源分配完善及經濟發展的成功，更不代表人民及身心障礙者有好日子過，因為這一切不取決於台灣自保，而是取決於在大環境下的國際治理能力。如何在逆全球化下增強此能力？筆者認為有三：展現大國氣度、善用 NGO 與台商軟實力，同時樹立健康不受歧視的環境，兼備此三項能讓中華民國更加以屹立不搖。

保護主義帶動「逆全球化」

過去年來，台灣民主與經濟的發展，始終與全球化進程同步前進，曾獲得「經濟奇蹟」

及「亞洲四小龍之首」美譽。

但近年來「逆全球化」思潮風起雲湧，尤其是美國在這幾年川普主導的貿易戰，加上今（二〇二〇）年新冠肺炎疫情從中國大陸延燒至日韓，再擴散至歐美，各國自利自保當道，加深全球經貿成長停滯。

此種「逆全球化」現象主要特性為：以封閉對抗開放政策；以保護對抗自由主義；以國家利益優先於人權議題，使全球面臨倒退情況。

一、台灣也能展現大國氣度

台灣該如何增強國際治理能力？首先，應展現小國也能成為大國的氣度：台灣不該成為中國大陸及美國兩大強權摩擦的夾心餅乾，相反地宜利用本次肺炎疫情，在兩國間找出公衛領域的平衡點，分別與兩國進行合作，重新調整並建立互信機制。

相信愈來愈多台灣人也有這樣的智慧，以合作代替孤立，以慈悲化解仇視，以平等取代歧視，並走出大國間的博奕遊戲；因為地球資源共享，才是身為現代人的全球思維。

二、善用NGO與台商軟實力

其次，台灣應善用非政府組織（NGO）及全球布局的台商軟實力。我們可以體諒當前政府想藉由防疫，研究或重新找回許多技術，也承認留住台灣技術及產線產能，具有國家安全的重要性。

但新冠病毒需要全球各國協作共同努力抗疫，而非各自盤算。我國可鼓勵NGO組織及台商就各國所需口罩及防護衣等物資，以在地生產並捐贈給疫情國之人民，以增加台灣貢獻國際的軟實力。

三、樹立健康不受歧視的環境

最後，宣示平等對待高齡者及身心障礙者健康權利：最近全球G20集團領導人召開視訊會議，呼籲各國向外國投資者和競爭者開放「健康市場」，從而將衛生系統變成又一個投資機會。

台灣除持續推動全民健保系統輸出外，也要向國際宣示：確實遵守國際身心障礙者權利公約（CRPD）第二十五條規定，確保障礙者的健康權不受歧視，以成為維護障礙者健康權利的國際典範。

「共同作者張宗傑為前任台灣障礙者權益促進會副理事長。

就是不喜歡大陸？！您所必知的生存錦囊計

公投否定了以「台灣」的名義加入東奧，有媒體評論為北京的勝利，但現在有許多台灣人還是對於大陸的打壓、經商的環境問題帶有負評，這些心情都是可以理解的，但台灣所處的國際局勢卻無法讓我們迴避大陸、躲在自己的象牙塔裡。筆者且用兩個錦囊妙計來提供讀者們，看待國際局勢或兩岸經商往來的生存之道。

打開錦囊之鑰：古人銅幣「外圓內方」的智慧

首先，要打開這個錦囊有支很重要的鑰匙，如果沒有這把鑰匙便無法打開錦囊，進一步看到其中的妙計。這支鑰匙，便是古代銅錢的智慧「外圓內方」：心中雖有所原則，作法上應採柔軟身段。

台灣所處的國際環境，一方面相鄰中國大陸，一方面美國依然希望在亞洲存有一席影響之地，如果在大陸與美國選邊站，對任一邊硬邦邦地絕對是自討苦吃的。

我們也無法一聲下令所有人到台灣海岸，一人一槳把台灣這塊土地划到夏威夷旁，所以不可能迴避兩岸的關係。如果像目前蔡英文只想用「南向政策」來因應兩岸問題，傷害最大絕對是台灣自己。一位朋友玩笑說：「政府說要年改、教改、司改等，最需要改變的，就是政府硬邦邦的腦袋。」

【錦囊計一】著眼似嬰：觀察國家角力應抽離偏見與情緒

現在台灣內部有部分的人對大陸的負評，莫過源於長年來對岸對台灣或其內部人權的打壓。怎麼解開這個對大陸的不滿？第一個錦囊計，就是要抽離偏見與情緒來觀察，學習像嬰兒的視角，來看待這些局勢的變化。為何說用嬰兒的視角看待？因嬰兒的心不懂這些利害算計，不懂反而讓台灣更容易找到生存的因應之道。

深入來談，中國大陸為何如此不講人權？輕鬆地看，確實任何一個國家保護自身利益時都會如此，您看維基解密創辦人阿桑奇，不也是讓美國如此追殺？固然，任何國家都會為了保護自己的國家利益做出限制人權的手段，同時保護大部分國家人民的權利，這絕對與政體沒有關係。

如果西方民主體制真能解決所有問題，在美國攻擊伊拉克、敘利亞政府之後，不會令這些國家落入如今的環境；伊拉克事件並讓北韓有十足的理由，拒絕美國介入兩韓的問題。因此，「著眼似嬰」解決了政治價值觀上的偏見與情緒。

【錦囊計二】著手似鷹：專注而準確的經營

第二種對大陸的負評，莫過於觀察這段時間因撤資潮對於大陸環境的否定。確實，如果台商到大陸投資或開店，難免會感受到因貿易戰造成中國大陸的不利。第二個錦囊計，就是著手經商時本應務實，要像老鷹一樣專注而準確。

我曾經與一位大陸的朋友談到台商到大陸的課題，他說現階段大陸雖有很多對台商讓利的政策，但一段時間後也會漸漸地取消優惠的條件。您說心中有「台商就應該永遠享有大陸的優惠」，這樣的態度會公平嗎？誠然，經商本來就是競爭，有順境也會逆境，不應心存僥倖，要在大陸經商，永續經營還是要靠扎實的努力。

推動台灣加入WHO，正視史實是解套方案

新冠肺炎疫情讓全球人心惶惶，蔡政府主張台灣不應該被世界衛生組織（WHO）排除在外；幸目前有樂觀消息指出，我可能以「中華台北」（*Chinese Taipei*）參與相關會議，這樣的名稱您會認為主權被剝奪嗎？一般台灣人會認為台灣無法加入聯合國是因為中共打壓，但無法正視台灣與大陸血脈史實才是真正的問題來源，源自於去中化的歷史課綱。本文將探討正視史實的重要性，並呼籲政府要在兩岸問題策略上調整，以人民利益遠程考量，以免耽誤解套良機。

迴避血脈史實徒讓兩岸走入死結

前總統李登輝操刀的去中化歷史課綱，就是為了確保年輕的下一代不再有跟大陸統一的

想法，這樣的做法不僅錯誤，也非常不負責任，更讓無辜百姓被捲入兩岸戰爭風險。

您知道為何蔡英文握有八一七萬票的民意，大陸還是無法放手讓台灣加入WHO嗎？或許有些網友認為責任在中共的打壓，但我們應該反思背後的死結因素。一般人不容易意識到台灣對於大陸仇視的問題，是因為長時間在仇共的同溫層，不知其中的盲點。誠然，只有走出仇恨正視問題，才有可能改善兩岸現狀。

一篇新加坡社論《北京一旦覺醒，台灣的遊戲就結束了》指出：「台灣人有一種近視症，沒有看到自己的先天劣勢和長此下去的巨大風險。」這個天生劣勢就是陸強台弱、美國自顧不暇等因素；而這個風險，就是台灣的天賜良機正在流逝。

台灣不屬於中國竟有違聯合國憲章？！

您知道為何「台灣不屬於中國有違聯合國憲章」嗎？讀現在去中化的歷史課本不容易認識與理解這段國際史實。《聯合國憲章》第二十三條立下中華民國為安全理事會常任理事國之一，《聯合國大會2758號決議》則承認中華人民共和國取代中華民國在安理會中的地位。

或許有人抱怨就算中華民國退出聯合國干中共何事？《聯合國憲章》第三十三條說明，「安全理事會認為必要時應促請各當事國以和平方法解決爭端」，中共既是安理會常任理事加上具有當事國身分，就算台美再怎麼友好，也很難勝過中共在其中的角色。

另外，有些台灣人會認為台灣應歸屬日本，這也在幾次國際合約被談及，如一九四五年《波茨坦宣言》與一九五一年《舊金山和約》，均立下日本無法占領台灣領土之限制，還有中共與日本在一九七八年《中日和平友好條約》所提：「締約雙方應在和平共處五項原則（互相尊重主權和領土完整等）的基礎上，發展兩國間持久的友好關係」，除非日本有更高的利益得要跟大陸撕破臉，不然也只能軟性呼籲罷了。

正視史實消弭仇恨才能避免衰敗

《聯合國憲章》與這些國際和約，內容中不只談及現在歷史課本刻意掩飾與忽略的中華民國過去，也勾勒出國際間角力的現實面。您說老百姓仇共可以理解，但藍綠政治人物不思改變的具體作為、縱容選民仇陸所致風險，難道是想賭中共有天會倒？

政客心眼或許真的如上述期待，但這幾年的國際情勢卻不是如此走向：例如美國在伊拉克、阿富汗、朝鮮與伊朗等糾紛分身乏術，兵力取捨考量導致敘利亞撤軍等；相反地，中國大陸反而在亞洲組織（如RCEP）占據了主導地位，德國不顧美國反對找華為建設5G系統。大陸崛起而美國走弱的趨勢，再糊塗的台灣人都不能任性忽視。

而且，台灣需要的不是藉由凝聚仇恨某個對象的團結，而是願意諒解與原諒他人的團結。利用仇來凝聚共識的例子莫過於希特勒，雖然他成功利用仇恨凝聚一戰後德國人的共識，但卻也讓德國在二戰再次吞敗。然而，照中醫的養生之道，保持愉快可以幫助身體免疫力上升；同樣的道理，仇恨的團結不但不會長治久安，反而會因凝集負面情緒而內部產生衰敗現象，如兆豐金、慶富案、台杉案及總統府走私菸案等弊案，就是一個國政衰敗的跡象。

綜上分析，仇恨絕對是最廉價的國家發展手段，正視史實、遠程考量，才是一個民主價值的政治家該有的格局與眼光。您說不是嗎？

「統一不是選項」是價值或是死巷？

中華民國在台灣本來不就是一個完整的國家嗎？為何還會有台獨的問題？因為「統一不是選項」，在各方面的條件下都讓台灣的未來走入死巷：對內有國家分裂的危機、對大陸更沒有談的空間。我們應該嘗試找到兩岸關係可能的空間，社群「中華3.1」中提到的，就是讓一個中國之下有三部憲法，或許是個彈性關係的構思，讓台灣走出活路。時間有限，我們一起想辦法。

兩岸有限選項，狹隘民族主義治國走向分裂

在台灣存在兩大傳統，分別是中國民族主義與台灣民族主義，政客為了政治版圖在此兩造之間操作文化對立，都是不智之舉。

因再怎麼操弄民族意識形態，都改變不了兩岸血脈相連的事實，任何個人的政治觀無法凌駕在血脈關係決定上，也沒有人可以任由喜好與否，主觀地去剝奪或改變。這也是為何在二〇一八年二二八蔣公陵寢潑漆事件發生之後，桃園市長鄭文燦不為去蔣的轉型正義背書，反而希望媒體不要狹隘轉型正義，並認為促轉需要周嚴處理。

無視兩岸關係的自私想法，將複製或反射到狹隘的種族民族主義主張。複製到親日的族群，則會排斥兩蔣時代的任何人事物，最近最令人印象深刻的例子，便屬於上述蔣公陵寢的潑漆事件；反射到親陸的族群，就會反過來排斥日本的相關人事物，最近反年改陣營，替墜樓的繆德生舉辦追思遊行，引來統促黨舉五星旗，發生遊行群眾攻擊貼日本國旗的騎士。

國防部前副部長林中斌在《天下雜誌》獨立評論中引述多家民調，顯示在中共軟硬兼施下，國內的台獨民意逐漸減少，而支持統一的民意逐年上升。新黨侯漢廷在影片上玩笑著：既然蔡政府不顧及部分民意只尋求台獨，各縣市也都可以尋求縣市獨立。因此，如果兩岸關係選項有限，必讓國家認同越是分歧，治國走向分裂。

國父孫中山先生在成立民國時所提倡的是廣義民族主義，是融合國內各民族的大一統主義，重拾國父提倡的「民族主義」，中華民國在台灣才可能團結。

不談如何統一，對大陸沒有可談空間

不談統一除了對內會有國家認同的問題，對大陸更沒有可談空間，最大的證據，就是馬英九與蔡英文在兩岸政策上同樣主張「維持現狀」，兩岸關係卻有如此大的不同。中共開始因應蔡不談統一的實質台獨，尋求台灣民意改變的實質統一。

大陸如此重視兩岸關係，導致川普一直拿台灣來與大陸談條件，最大的原因不只是兩岸同文同種的血脈關係，還有台灣位於大陸周遭第一島鏈的關鍵位置。把統一列為兩岸關係的選項，除了緩和兩岸的緊張關係，更可以正視兩岸該怎麼互動，進一步談判彼此如何維護共同的利益。

您看每次在關乎台獨的事件上惹到大陸，就拔掉一個邦交國；國際上任何企業把網頁上的台灣設為國家就被迫修改，台商除修改外還需要登報道歉。這些事情都足以讓我們明白，大陸對付台獨的態度，與美國對於北韓擁核是一樣的態度，沒有談的餘地。

就是因為沒有不談統一的空間，社群「中華 3.1」在「一中三憲統合論」系列第一集影片中玩笑道，中華民國無法每人一槳把台灣島划到夏威夷的旁邊，應該收起仇恨的眼神，藉由中國大陸加入世界島的行列。

更重要的是，大陸強勢的崛起。經濟上的優勢，跳過蔡政府的單方面三十一項惠台措施，大舉招攬高教等各方面人才，高階外也開始直接挖角中階人才西進；兩年前拒絕前往大陸的台灣世界冠軍麵包師吳寶春，如今也用腳投票將到上海開店。大陸的軍事也是扶搖直上，遼寧艦後繼續核動力航母製造，東風-21D 逼使美國退出第一島鏈。這些事都足以證明，台灣要與大陸談判的籌碼愈來愈少，越不談將來越是吃虧。

一中三憲：彈性關係讓價值變活路

或許有人擔心，跟大陸統一就會需要接受一國兩制，台灣根本就不自由不民主了。不談必定沒機會，早一點談判才有機會。

「中華 3.1」在「一中三憲統合論」系列第二集中，談到一中三憲的設計與構想，就是在原本台灣的《中華民國憲法》，與大陸的《中華人民共合國憲法》外，新增一個雙方協商而成的第三部憲法。影片並解釋著：「一中三憲」與「一國兩制」最大的不同，在於一國兩制把台灣當成一個省或特別行政區，而「一中三憲兩岸和合」，是讓中華民國與中華人民共和國並存一中屋頂之下，兩岸政府及人民平等共享整個中國的主權。

換句話說，「一國兩制」是急統下的結果，但「一中三憲」等於是認清「一中兩府」的狀況下的緩統解套方法，有共識的部分先和平與合作。也是因為在「一個中國」等於「中華民國」加上「中華人民共和國」的架構中，中國大陸在統一的前提下，才有可能放心地讓中華民國在中國大陸的邦交國設立外交單位，當然也因此可以進行任何的外交事宜，甚至開始進行彼此商務貿易。

有些網友可能不信任大陸願意配合與台灣簽屬的第三部憲法，不過如果習近平與大陸高層意願坐下來與台灣談「一中三憲」，一方面對兩岸統一省事，一方面讓中華民國在台灣保有民主自由，如此可以讓西方國家對整個中國崛起更加放心，何樂而不為。

親美疏陸的台獨政策必然是死巷，彈性關係才能讓中華民國在台灣的民主價值走出活路。「一中三憲」是可以思考的方向，我們一起想辦法。

別管習任期了！您該認識這個兩岸關係的可能解

最近媒體與網路興起「習稱帝」的批判風，但有大陸學者反而認為台灣最應在意的是兩岸實力消長而不只是關注習的任期。確實，兩岸經濟愈來愈懸殊，人民的心也愈來愈遠，這是令人擔心的；因筆者看到的是，在兩岸關係上台灣愈來愈沒有談判籌碼的情況下，豈可以逃避與大陸談判。還好，開始有一些人積極地找尋未來兩岸關係的解答，社群「中華3.1」中提到的，就是讓一個中國之下有三部憲法！這會是一個可行的出口，我們一起想辦法。

當台灣不想談判如何統一，就慢慢地等著被統一

自從總統蔡英文帳面上說維持現狀，走的卻是「實質台獨」後，大陸也漸漸地明白，無法對中華民國政府抱有太大的期待，於是開始思考如何「實質統一」。換句話說，中共的心

態很簡單：「你不想跟我談怎麼統一，我跳過政府，直接拉攏台灣人民。」

首先，日與益增的軍備競賽是必然的，軍機繞台、航母過境絕對是常態，您不要以為可以靠美國來做甚麼軍援，川普奉行的是美國優先的民族主義，若是不划算的交易他是不會做出什麼動作的，從鬧得沸沸揚揚蔡川電話之後，蔡英文與川普至今沒有任何互動就可以知道。至今美國任何對台灣的動作，都成了川普與習近平談判的籌碼。

接下來，就是跳過不談統一的蔡政府，直接拉攏台灣人，除了三十一條惠台措施，現在更有進一步的打算，就是把台胞證直接當中國大陸的國民身分證看待。您說民進黨再怎麼用歷史課本控制人民的台獨思想，有辦法在經濟持續蕭條下，擋住人才往大陸跑嗎？台灣未來人才越少，經濟越是惡性循環。

「中華 3.1」：走向世界島，與大陸設立第三部憲法

社群「中華 3.1」在「一中三憲統合論」系列影片的第一集裡面，提到英國有學者麥金德在二十世紀出提到世界島的概念。影片玩笑著，中華民國就是因為無法每人一槳把台灣島

划到夏威夷的旁邊，應該收起仇恨的眼神，藉由中國大陸加入世界島的行列。

在第二集中，談到一中三憲的設計與構想，就是在原本台灣的中華民國憲法，與大陸的中華人民共和國憲法外，新增一個雙方協商而成的第三部憲法。

一中三憲統合論
第一集 by 中華 3.1

一中三憲統合論
第二集 by 中華 3.1

「中華 3.1」並解釋著：「一中三憲」與「一國兩制」最大的不同，在於一國兩制把台灣當是一個省或特別行政區，而「一中三憲兩岸和合」，是讓中華民國與中華人民共和國並存一中屋頂之下，兩岸政府及人民平等共享整個中國的主權。

還有第三、四、五集，提到中華民國的重要性，推薦朋友們掃 QR code 觀看。

一中三憲統合論
第三集 by 中華 3.1

一中三憲統合論
第四集 by 中華 3.1

一中三憲統合論
第五集 by 中華 3.1

美國也是施行一美多憲的制度，共同維護國家利益

當筆者知道「一中三憲」這個構想，除了認同與覺得可行外，同時也發現已經有個熟悉的國家在用類似的方法實行了，就是美國。整個美國有一個共同的憲法，而其每個州都有自己的州憲法，「州憲法的字數比美國憲法的字多一些，並且更多的是關於政府和人民日常關係的細節」；一中三憲，依目前兩岸各有不同的治理與民情，先找出兩岸共同的價值設立第三部《一中憲法》，再慢慢隨兩岸的共識增修。

總之，兩岸與其繼續這樣日以俱增的對立，台獨獨不成，中華民國的籌碼卻愈來愈少的情形下，如果台灣不想被大陸統一，「一中三憲」會是一個值得思考的方向。

從反對的聲音看《兩岸和平協議：一中兩席》方案

《兩岸和平協議》引起各界討論，除了國民黨提出原則性的方向、民進黨傾全黨之力反對外，國會政黨聯盟（簡稱國會黨）提出一個更聚焦的方案：「一中兩席」。

一中兩席，就是學習早期一蘇三席（蘇聯、白俄羅斯、烏克蘭）的精神，為中華民國加入聯合國的務實解套方案。其實奧運比賽也是依一中兩席的精神，讓中華民國以「中華台北」參加賽事；在二〇一八年十一月二十四日公投時候，選民基於務實的方向，超過一半的有效票「否定」以台灣名義參加比賽，讓運動員保有參加賽事的權益。台灣要加入聯合國，重點何嘗不是在於參與。

不過在深入認識一中兩席的可行性之前，網路上已經對於兩岸應不應該簽《兩岸和平協議》爭論得不可開交。讓筆者從反對的聲音來分析，為何國會黨主張的「一中兩席」是可行而務實的方向：

- 反對者只提出做法的疑慮，如談了就是投降、快速失去主權等，但提不出更好的做法，實然主張「以拖待拖」；不考慮時間因素、兩岸消長的局勢變化，只會讓台灣愈來愈沒有談判籌碼，所導致的後果將是我們「更不樂見」的。
- 反對者喜歡針對名相上的「協議」談論國與國或國內的關係，但不重視兩岸的實質改善關係。
- 部分反對者喜歡依賴美國，但卻不正視美國無法與中華民國真正邦交，並以一中原則處理兩岸矛盾的問題。台灣實然成為美國拿保護費的受害者罷了。
- 部分反對者喜歡依賴日本，但卻不正視日本依然只與台灣建立非政府的實質關係。
- ※反對者支持蔡英文反對「一國兩制」的立場，但卻不正視國會多數的民進黨不修改中華民國憲法的一國兩制內容。蔡實然玩假的，騙取選票沒有實質幫助，並徒然增加兩岸戰爭風險。
- ※反對者支持蔡英文對中共強硬的態度，但對於大陸造成的反制動作：如斷中華民國邦交、阻礙出席國際組織下，蔡的毫無能力卻沒有任何怨言。
- ※反對者可能對酒駕造成的人為因素深感同情並批評肇事者，但卻忽略對立兩岸人為所造成的戰爭風險，不體會戰爭將引起的二十四萬人（第一週台灣死亡人數）罹難家屬感受，並毫不把蔡政府當是其中一個責任肇事者。

● 反對者喜歡把兩岸的問題都歸給中共（包含上列所有問題），但卻鮮少批判蔡英文兩岸政策錯誤，實然對兩岸狀況一廂情願。以上三點（開頭為＊）言之，反對者實然是蔡盲目的支持者。

● 反對者常帶著對中共採極不信任的情緒與意識，卻不曾思考台灣選舉所帶來的負面價值評價影響因素，也不曾健康地思考兩岸可能和平的關係。

綜上所述，與其硬碰硬，不如採彈性做法讓台灣實質進入聯合國參與的《兩岸和平協議：一中兩席》方案，這是個可行而務實的方向。

從反對的聲音再論《兩岸和平協議：一中兩席》方案

一位研究生看到筆者上一篇文章寫了篇回應，仔細一看原來是套用原來文章內容來玩文字遊戲。跟中國大陸談和平協議，或花大錢與美日談非正式的關係，哪個才是一廂情願呢？這就是台獨主張者不願面對的真相：殘缺的主權。台獨主張者還有不願面對的另一個現實是：中共會打而美國不救。而國會黨提的《一中兩席》真的不可行？看怎麼談，奧運不就是個範本，重點是藉由和平談判來避免兩岸日益升高的可能戰火。因此，若沒有更高明的做法，請勿妖魔化《一中兩席》方案。

台獨主張者不願面對的真相：殘缺的主權

台獨者認為跟中共談和平協議是一廂情願，那蔡政府跟美國用兩億買貴了每架八千萬的

二、三手戰機還不保證出兵、當個付保護費的冤大頭，日本列釣魚台為固有領土並打臉蔡提出來的保安對話，這樣就不算一廂情願嗎？

因此，台獨者主張維護的主權，其實只有不出國、不看國際關係的鄉民才會相信，真相實然為殘破的主權。連蔡政府最想依賴的美國與日本，也不願意用正式的建交關係，承認中華民國的存在，如此還痴痴地想建台灣國，可能嗎？

台獨主張者不願面對的現實：中共會打美國不救

台獨主張者還有個不願面對的現實：中共會打而美國不救。中共會不會為了統一而戰（武統），這裡有幾點中共動武的理由給大家參考：

中共當然希望和平統一，但如果兩岸民意漸行漸遠，加上台灣白目的政客倡導台獨威脅到統一可能，中共就會不惜為統一而戰。

兩岸實力消長，軍力差異日益擴大，但兩岸統一問題卻得不到解決方案，讓中共卡在第一島鏈出不去，武統變成必然的考慮選項。

歷史為範，中共會積極地找到適當時機進行統一。美國在南北戰爭之後壯大，就是因為消滅南方獨立的因子後，美國的國家主義確立，開始往外擴張。

至於兩岸發生戰火美國就會來救嗎？首先，美國沒有法律依據直接出兵，因此蔡英文希望國軍可以在兩岸開戰後抵擋兩週的時間，也就是美國經過國會的同意出兵最快的時間。但伊拉克、敘利亞等等戰役後，美國國內的民情是反戰的，尤其要跟全世界第二大國（中國大陸）對幹，會付出一定的代價。

另外，美國杜克大學曾委託台灣政治大學所做民調發現，外界以為台灣天然獨高達七、八成，一旦加入中共會打台灣、美國不會救台灣等因素後，支持台獨者便掉到不到兩成。綜上，中共會打而美國不救成了必然的國際現實，按現實現狀因素，真正台獨的鐵票不到兩成。

藉《一中兩席》和平談判避免戰火

國會黨的和平協議避免戰爭的主張確實其來有自，蘇美冷戰過程，也是以談判來避免戰爭，直到蘇聯解體後，讓雙方無辜的老百姓免於戰火的痛苦。現在蔡政府無法接受中共的統一前提談判，等於就無法談，直接把兩岸推向戰爭的火坑。

再者，台灣確實長期無法加入聯合國，蔡英文整天喊委屈也無能為力、沒辦法加入；與其拿著行不通、邦交年年斷的台獨旗幟，不如以彈性的「一中兩席」，找到兩岸共同的共識，並讓台灣有機會加入聯合國，得到參與聯合國之後相應的福利，也減經國政財庫的負擔。

因此，如果您沒有更高明的方案，請不要妖魔化《兩岸和平協議：一中兩席》方案，這是個值得談判的方向。不要因為盲目的反對，成為兩岸戰爭的助手。

加入聯合國，國會黨這招更勝《台灣保證法》

近日，美日德澳都表態支持台灣參與WHA，甚至美國通過《台灣保證法》，把推動台灣加入國際性組織當作一回事。但兩岸關係充滿不爭的現實，如台美無法建交、台灣無法實質台獨、大陸強勢崛起等。想要台灣加入聯合國，支持美國的國內法《台灣保證法》外，更需要你我認識與支持的，是國會黨提出來、交由聯合國安理會背書的《一中兩席》，此招的務實與實質效果更勝《台灣保證法》，最大的原因就是和平更勝對立的價值。

兩岸關係三個不爭的現實

兩岸的關係，有三個無法克服的現實。

【現實一】台美無法建交：美國自與我斷交後，從一九七九年《台灣關係法》、二〇一八年《台灣旅行法》，到今年二〇一九年《台灣保證法》，都屬於國內法。美國既無法把對台灣的承諾上綱到聯合國，也不會正式地跟台灣建交；這樣對台灣的承諾被諷猶如渣男追女一樣，不願負真正的責任，連哄帶騙也不願跟妳正式地結婚，最後還要讓妳對他死心塌地付出一切。

【現實二】台灣無法實質台獨：台獨者積極者主張建立台灣國，消極則像賴清德主張中華民國本來就是獨立的國家，這些態度是不切實際且自欺欺人的。如果台灣真正能夠獨立，為何友邦為了跟大陸建交而跟台灣斷交？為何台灣無法加入聯合國？為何國會一黨獨大的民進黨不敢改憲法兩岸統一內容？為何AIT反對台獨公投？改個名字中共就會給台灣獨立？

【現實三】大陸強勢崛起：這個是最重要也是最必然的現實。在美陸貿易戰當中，西方媒體總報導中國大陸被追著打，但您如果願意同時留意大陸主導的一帶一路正反消息，今年第二屆高峰論壇中各國參加熱度比上屆更高，歐盟對抗立場產生分歧，而日本雖受美國施壓，選擇派執政黨的祕書長二階俊博參與。西方國家不喜歡大陸崛起背後理性的原因是「政體不同」，但時間會讓人們認識西方民主的疲態，放下政體歧視共同追求全球人類安定的未來。

《台灣保證法》令台成靶子 關係卻仍非官方

且就《台灣保證法》內容的實質效果來討論它，就國防來說，或許仇陸者看到美台軍售正常化就很高興，但換個角度來看，美國最喜歡打境外戰爭，台灣在經濟不振、兵源不夠下持續長期增加兩岸對立，不禁令人產生困惑：為何台灣花大錢卻被當成第一線被打的美國航母是好事？就經貿、外交來看，經貿上促進美台僅「民間」的商業與文化等關係，外交上也強調僅限「非官方」交流；而推動台灣有意義參與國際性組織，如果安理會常任理事國的中共不同意也是白搭。綜上分析，這個《台灣保證法》只是凸顯出美國是個不願負責的渣男事實罷了。

《一中兩席》安理會背書 和平更勝對立

相對於美國國內法《台灣保證法》，國會黨的兩岸和平協議《一中兩席》方案顯得更務實，效果也更好。首先，很多人不信任大陸可以遵守協議，但美國再怎麼通過國內法都沒有保證台海戰爭時出兵；國會黨主張《一中兩席》交付安理會背書，並在聯合國祕書處登記，比美國國內法更具有效益。

有人會認為中共憑甚麼支持一中兩席，很簡單，只要不台獨中共什麼都可以談，這也是國會黨提出一中兩席方案的遠見，因為「和平更勝對立的價值」。至於台灣港澳化的疑慮，是網路把兩岸關係簡化，認為台灣只剩下被統一或者獨立二選一，作家楊渡具有口碑的文章點出，為何台灣與香港不同。筆者則反而認為，戰爭才會真的讓台灣香港化。

總之，和平不是您的敵人，兩岸關係我們更要智慧的處理、更要把握時機趕緊和平談判，不能徒增對立只想靠遠在天邊的美國，這絕對是死路一條。

後記

阿寶愛心獨賣的第二本書《您可不曾認識的和平》終於要出版了。自從二〇二〇年八月二十一日決定要出第二本新書，阿寶在工作、家庭外的有限時間外籌備這本書，雖然書的內文是這三年累積下來的文章，但書的封面、封底、章名頁、前言、自序，還有找老師寫推薦序等，加上自己著手美編排版，都是很花時間的。

這本書的推出，首先我必須感謝Dory的支持，尤其是多寶出生之後，我們週末總是固定回南部盡身為爸媽應盡的責任，妳總是分攤許多壓力與家務。接下來也要感謝再次幫忙校稿的吳菡，妳百忙之中抽出空檔幫忙校搞，這本書雖然篇幅比上本少，但內容本身相對嚴肅，校稿同樣也耗盡心思與眼力。

我還必須感謝在得知出書的消息時，願意預購的朋友與讀者們，因為有你們的支持，讓阿寶這本書的出版更有動力。

第二本書，對一個已經出過書的作家來說有很大的意義，有別第一本從素人到正式作家，第二本更代表自己為寫作的堅持，並舖陳某個部分屬於自己的價值觀。而這本書談及國際局勢與政治，對理工背景的阿寶來說，算是很不容易的事，可以做到跨門的寫國際評論，應該歸功於參與世界領袖教育基金會（現更名為世界領袖和平基金會）的影響，養成二十年前到如今的我仍有每天看國際新聞的習慣，解讀世界的思想層面日新月異。

出版這本書有些轉折，很大一部分是心境上的變化，大致分兩個部分：

第一個部分是撰文的調性上，這三年因為積極投稿的因素，加上投稿需要連結時事的關係，所以每週幾乎都是嚴肅的政治、國際局勢的話題。這次出書有機會檢視這三年投書的調性，加上出版期間適逢參與地球佛國／人間天堂大家庭推行寫了幾篇世界和平的文章，讓阿寶撰文心境上突破只是為了投書的框架。

第二個部分是屬於專業的自我肯定上的變化，上面提到阿寶跨領域寫國際本來就是不簡單的事，偶爾會產生專業上沒信心的感覺，剛好有機會到新竹潛能聚分享自己的第一本書《阿寶愛心獨賣——拾年百篇仟字精選輯》，讓我再次找回屬於自己的方向。這個方向，也就是阿寶十二年前立定的志業，成為推動世界和平的演說家。

這十三年的撰文，獨賣「愛心」，就是為了結合世界上所有認同世界和平理念的各方領袖，一同打造「百億郵輪」的理想，把地球打造成一艘乘載一百億人口的郵輪，讓地球上的人民可以過著健康、幸福的日子。「百億郵輪」，其實也是世界和平、地球佛國、人間天堂，沒有宗教或信仰價值觀的區別，因為同住一個地球沒有區別，我們人類的心靈也沒有區別。

這段心境轉折的時間，能讓我突破困難繼續前進的，除了外在朋友、家人的支持與鼓勵外，內在的部分實然有二。第一個，就是我第一本書《阿寶愛心獨賣——拾年百篇仟字精選輯》，這本書雖然青澀，但充滿理想單純的用字遣詞，看的時候容易被感動、感染熱忱。第二個，就是這二十二年來我心靈的導師　悟覺妙天禪師，每當我遇到思想的瓶頸，師父總是讓我看到最初的夢想，並走在前端令我看齊；所有的困擾與問題，就在跟隨他的大格局與慈悲心下，也不再感到困難。

理想很大，時間有限，最好的方法就是持續往內、持續學習當下。最後謝謝願意閱讀的你們，願這本書的內容，可以帶給您一些收穫。

阿寶 JH Wei 2020. 12. 25 於台北

您可不曾認識的和平 / 阿寶(JH Wei)作. -- 初版.
-- 彰化縣二水鄉 : 阿寶愛心獨賣, 2021.01
面 ; 公分
ISBN 978-986-95783-1-8(平裝)

1.言論集

078 110001322

書名：《您可不曾認識的和平》

作者：阿寶 JH Wei

編輯校對：吳菡

設計排版：魏建豪

出版發行：阿寶愛心獨賣
https://www.facebook.com/babywey/

阿寶愛心獨賣

代理商：白象文化事業有限公司/地址：401 台中市東區和平街228巷44號/電話：04-22208589

作者回饋信箱：jhwei527@gmail.com

定價：320元

ISBN：978-986-95783-1-8(平裝)

初版一刷：2021/1/24